SANANDO LAS HERIDAS
DEL PASADO

MUJER, ¡ERES LIBRE!

T.D. JAKES

Unilit

Sepa

Publicado por
Editorial Unilit
Miami, FL 33172

Primera edición 1996
Primera edición 2011 (Serie Favoritos)

Publicado originalmente en inglés con el título:
Woman, Thou Art Loosed
por Albury Publishing,
P O Box 470406, Tulsa, OK 74147-0406 USA

Traducción: Mónica Goldemberg
Diseño de la portada: Alicia Mejías
Ilustraciones: © 2011 silvae, MrAdel.
Usada con la autorización de Shutterstock.com

El texto bíblico ha sido tomado de la versión Reina Valera © 1960
Sociedades Bíblicas en América Latina; © renovado 1988 Sociedades
Bíblicas Unidas. Utilizado con permiso.
Reina-Valera 1960® es una marca registrada de la American Bible Society,
y puede ser usada solamente bajo licencia.

Producto 497576
ISBN 0-7899-1084-5
ISBN 978-0-7899-1084-4

Impreso en Colombia
Printed in Colombia

Categoría: Vida cristiana /Vida práctica /Mujeres
Category: Christian Living /Practical Life /Women

DEDICATORIA

Quiero dedicar este libro a la memoria de mi padre, el Reverendo Ernest L. Jakes, Sr. También está dedicado en tributo a mi madre, la señora Odith P. Jakes, cuyo amor constante ha definido la maternidad y me ha provisto mi primer encuentro con la excelencia. Y a mi hermana Jackie quien borraba con sus besos mis lágrimas infantiles. Finalmente, a mi querida esposa Serita, quien con su bondadosa brisa siempre ha mantenido mis velas desplegadas al viento del destino.

ACERCA DEL LIBRO

Mujer, ieres libre! es el corazón del Padre ministrando a las mujeres del cuerpo de su Hijo. Literalmente, miles de mujeres han sido liberadas por estas ungidas palabras de T.D. Jakes. Este libro es un reto a la mente que cambiará la vida y transformará el espíritu con su verdad. Después de haberlo leído, tu vida no será la misma.

> Pastor Carlton Pearson
> Higher Dimensions, Inc.
> Tulsa, Oklahoma

Todas las mujeres de este país necesitan leer el mensaje que Dios le ha dado al obispo Jakes. Es imposible que alguien escuche este mensaje sin ser animado, liberado y transformado para siempre. Sé que debido a esta palabra de Dios, mi vida no será la misma.

> Dr. Debbbye Turner
> Miss América, 1990
> St. Louis, Missouri

Nuestra iglesia, The Center of Hope, en Oakland, California, ha sido agradablemente impactada por el ministerio de este hombre. Recomiendo fervientemente el libro *Mujer, ieres libre!* a toda mujer de este país. ¡Serás bendecida!

> Dr. Ernestine Cleveland Reems
> Presidenta de E.C.Reems, Women's
> International Ministries y
> pastora fundadora de Center of Hope en
> Oakland, California

Contenido

Uno	*Mujer enferma*	9
Dos	*Flechas rotas*	27
Tres	*Aquello fue entonces*	47
Cuatro	*La víctima sobrevive*	59
Cinco	*Yendo hacia la renovación*	73
Seis	*Los Orígenes de la femineidad*	85
Siete	*Mujer con útero*	97
Ocho	*Úngeme... ¡Soy soltera!*	113
Nueve	*Mesa para dos*	123
Diez	*Hija de Abraham*	141
Once	*Una mujer sin excusa*	159
Doce	*La auténtica belleza de la mujer*	169
Trece	*Todas las mujeres necesitan un Shabat*	181
Catorce	*El invierno de la mujer*	193
Quince	*Rompiendo la cadena*	213

CAPÍTULO UNO

Mujer enferma

*Es importante
recordar que toda
persona tendrá
algún problema.
Pero más
importante aun es
saber que para cada
problema nuestro
Dios tiene el remedio.*

"Y había allí una mujer que desde hacía dieciocho años tenía espíritu de enfermedad, y andaba encorvada, y en ninguna manera se podía enderezar. Cuando Jesús la vio, la llamó y le dijo: mujer, eres libre de tu enfermedad".

Lucas 13:11-12

eriódicamente, el Espíritu Santo nos deja ver un vislumbre del testimonio personal de alguno de los pacientes del Médico Divino. El dilema de esta mujer le pertenece a ella, pero tal vez, tú encuentres algún punto en común entre su caso y el tuyo. Puede que ella se parezca a alguien a quien tú conoces o puede que sea como tú. Existen tres caracteres sobresalientes en esta historia. Ellos son: la persona, el problema y el remedio. Es importante recordar que toda persona tendrá algún problema. Pero, más importante aún es saber que para cada problema, nuestro Dios tiene el remedio.

Las primeras palabras de Jesús para el problema de esta mujer no fueron una recomendación para que hiciera terapia sino que impartió una orden retadora. Con frecuencia, hay mucho más involucrado en mantener la liberación que en discutir traumas pasados. Jesús no consultó lo que debía ordenar. Pero, no estoy en contra de buscar el consejo de un hombre de Dios. Por el contrario, Las Escrituras dicen:

"Bienaventurado el varón que no anduvo en consejo de malos, ni estuvo en camino de pecadores, ni en silla de escarnecedores se ha sentado".

Salmo 1:1

"Donde no hay dirección sabia, caerá el pueblo; mas en la multitud de consejeros hay seguridad".

Proverbios 11:14

Lo que quiero dejar en claro es que una vez que hayas analizado la condición, una vez que hayas entendido sus orígenes,

¡aún es necesaria la autoridad de la palabra de Dios para que pongas el pasado bajo la planta de tu pie!

Esta mujer estaba sufriendo como consecuencia de algo que la había atacado dieciocho años atrás. Me pregunto si aún puedes padecer los efectos dejados por sufrimientos pasados. Esta clase de trauma está tan fresco en la víctima en la actualidad como el día en que ocurrió. Aunque el problema esté arraigado en el pasado ¡el remedio es la presente palabra de Dios! La Palabra es la misma ayer, hoy y siempre (Hebreos 13:8). Eso significa que la Palabra que escuchas hoy puede sanar tu pasado.

GUERRA PERSONAL

Cuando Jesús dijo: "Mujer, eres libre" Él no la llamó por nombre. Él no le estaba hablando como a una persona. Él se dirigió a su femineidad. Él le habló a su interior. Le habló a lo que la azotaba. Como a una débil rosa, Jesús le habló a lo que ella podía y debía ser. Creo que Jesús le habló al destello existente en sus ojos de cuando era niña; a la frescura infantil que el maquillaje nunca puede reconquistar. Él le habló a la unicidad dada por Dios. Le habló a su calidad de mujer.

Su problema no comenzó de repente. Había existido en su vida por un lapso de dieciocho años. Estamos viendo a una mujer que estaba librando una guerra personal en el interior de su ser. Esta batalla habría minado algunas otras áreas de su vida. La enfermedad que la atacaba era física.

Pero, muchas mujeres también luchan con enfermedades emocionales. Esta clase de enfermedad puede resultar tan desafiante como una aflicción física. Una incapacidad emocional puede crear dependencia en varios niveles. Pueden afectarse las relaciones interpersonales. La mujer enferma puede depositar tanto peso en la gente que deteriora una sana relación. Y muchas veces esas incapacidades emocionales pueden desencadenar una serie de relaciones insalubres.

"Porque cinco maridos has tenido, y el que ahora tienes no es tu marido; esto has dicho con verdad".

Juan 4:18

La sanidad no puede darse en una persona desesperada examinando las vidas ajenas. Una de las primeras cosas que la persona herida necesita hacer es romper el hábito de usar a la gente como narcótico para adormecer el contacto interior consigo misma. Cuanto más mediques los síntomas, menos posibilidades tendrás de dejar que Dios te sane.

¿DEPENDENCIA O AMOR?

Otra tendencia destructiva que puede existir con cualquier abuso es el creciente incremento de la dosis. Por lo tanto, evita la adicción, las relaciones obsesivas. Si te estás haciendo cada vez más dependiente de cualquier cosa que no sea Dios para crear una sensación de integridad en tu vida, estás abusando de tus relaciones. Aferrarte a la gente es muy diferente a amarla. No es tanto una afirmación de tu amor hacia ellos como un clamor de tu necesidad de ellos. Como la codicia, es inmensamente egoísta. Toma pero no da.

Amar es dar. Dios es amor. Dios demuestra su amor, no por la necesidad que tiene de nosotros, sino por lo que nos da a nosotros.

> *"Porque de tal manera amó Dios al mundo que ha dado a su Hijo unigénito para que todo aquel que en él cree, no se pierda, mas tenga vida eterna".*

> Juan 3:16

Las Escrituras muestran claramente que esta mujer enferma había tratado de enderezarse. La gente que miraba de afuera podía criticar y suponer que la enferma carecía de fortaleza de ánimo y no se esforzaba. Pero ese no siempre es el caso. Hay situaciones ante las cuales nos encontramos completamente sin fuerzas. Nos sentimos incapaces de cambiar. Las Escrituras dicen que esta mujer: "en ninguna manera se podía enderezar". Esto implica que había empleado varios métodos de autoayuda.

ENFERMEDADES ESPIRITUALES

¿No es asombroso que algunas personas que pueden levantar a un sinnúmero de personas no pueden levantarse a sí mismas? Esta clase de persona puede ser una torre de fe y orar por los demás, pero ser impotente cuando se trata de sus propias limitaciones. La gente puede apoyarse en este tipo de persona. A veces le damos a los demás más importancia que a nosotros mismos y llegamos a ser los mártires. Es maravilloso ser sacrificado ¡pero ten cuidado de no ser despreciativo contigo mismo! Si no aplicamos alguna de la medicina que usamos con los demás para fortalecernos, nuestros pacientes sanarán y nosotros agonizaremos.

"No moriré, sino que viviré, y contaré las obras del Señor".

Salmo 118:17

Hay muchas cosas que pueden originar disgusto y depresión. En el caso de esta mujer, su vida había sido tomada por un espíritu de enfermedad. Un espíritu puede manifestarse de varias maneras. Para algunos puede ser poca autoestima causada por abuso infantil, violación, un esposo abusivo o divorcio. Sé que estos son problemas reales, pero están enraizados en enfermedades espirituales.

Una de las cosas más destructivas que nos afecta hoy en día es el divorcio, especialmente, en las mujeres, quienes con frecuencia esperan tener una feliz relación. Las niñas crecen jugando con muñecas, vistiendo bebés y jugando a la casita. Las jovencitas se tienden en la cama leyendo novelas románticas mientras que los chicos juegan a la pelota y andan en bicicleta en el parque.

Cuando la mujer ha sido enseñada para creer que el éxito es *romance* y experimenta el trauma del fracaso en su relación de pareja, reacciona muy dolorosamente.

PONIENDO DISTANCIA CON EL PASADO

El divorcio no es una mera separación; es la ruptura de lo que una vez estuvo unido. Cuando algo se rompe, no se arregla muy fácil. ¡Pero Jesús puede sanar un corazón herido y quebrantado!

"El Espíritu del Señor está sobre mí, por cuanto me ha ungido para dar buenas nuevas a los pobres; me ha enviado a sanar a los quebrantados de corazón; a pregonar libertad a los cautivos, y vista a los ciegos; a poner en libertad a los oprimidos".

Lucas 4:18

Aproximadamente, de diez matimonios, cinco terminan en divorcio. En aquellos hogares en que ocurre, queda un tendal de sueños rotos y adultos y niños lastimados. Solamente el Maestro puede sanar a estas víctimas en los tiempos que vivimos. Sólo Él puede tratar los efectos a largo plazo de esta tragedia.

Un gran bálsamo sanador del Espíritu Santo es el perdón. Perdonar es romper la valla entre tú y tu pasado. Pero, tristemente, a la gente le cuesta perdonarse a sí misma. Aunque muchas veces acusan duramente al otro, secretamente se culpan a sí mismos por el fracaso de la relación. Más allá de quien sea el responsable ¡no existe sanidad en la acusación!

Cuando comiences a darte cuenta que tu pasado no dicta, necesariamente, los sucesos futuros, finalmente podrás deshacerte del sufrimiento. Es imposible respirar aire puro mientras que no exhales el viejo.

Oro para que al seguir leyendo, Dios te conceda la gracia de liberarte de lo que has sido para que puedas recibir lo que Dios tiene para ti ahora. Exhala; luego, inhala. Hay más para ti.

DEJA LOS NIÑOS VENIR A MÍ...
Mateo 19:14

Quizás una de las acusaciones más serias a nuestra civilización sea la flagrante despreocupación por el bienestar de nuestros niños. El abuso infantil, ya sea físico, sexual o emocional, es una lucha terrible para la mente inocente. Es horroroso pensar que los chicos que sobreviven a los peligros de las calles, las escuelas públicas y la sociedad agresiva en la que viven, vuelvan a sus casas para ser maltratados cuando tendrían que sentirse en el cielo.

Las recientes estadísticas revelan que tres de cada cinco jovencitas en este país, han sido o serán violadas sexualmente.

Si esos casos son denunciados, me estremezco al pensar cuántos no se denuncian nunca y se cubren con un manto de silencio.

EL ABUSO ESTÁ EN NUESTRO MEDIO

Si en una de esas tú eres pastor, nota, por favor, que estas cifras se dan en nuestro coro, comisiones, etcétera. Reflejan el creciente número de nuestras necesidades congregacionales. Aunque este libro está centrado en la mujer, muchos hombres han sido maltratados de niños. Y me temo que Dios nos juzgará a nosotros por ser negligentes en nuestros mensajes, ministerio y oración ante esta necesidad. Hasta me animaría a decir que nuestro silencio contribuye a la vergüenza y ocultamiento con que Satanás ataca a las víctimas.

Por eso, cada vez que pienso en estas cosas, recuerdo lo que mi madre solía decirme. Siempre volvía a casa con alguna cortadura o lastimadura hecha en el patio de la escuela. Mi madre, me quitaba la venda, me lavaba la herida y me decía: "las cosas tapadas no se curan bien". Y mi madre tenía razón. Las cosas que se tapan, no se curan bien.

Tal vez Jesús estuviese pensando en esto cuando le dijo a la mujer enferma que se acercara. Se necesita mucho valor, inclusive actualmente en la iglesia, para recibir ministración en las áreas sensibles. Pero el Señor es el tipo de médico que puede derramar el bálsamo sanador. Por lo tanto, destapa tus heridas en su presencia y permítele que sane suavemente tus lastimaduras. Una mujer encontró sanidad con sólo tocar el borde de su manto (Marcos 5:25:29). ¡Hay bálsamo en Galaad! (Jeremías 8:22).

MUERTE DE LA CONFIANZA

Aunque la víctima sobreviva, sigue habiendo heridos. Muere la confianza. Seguramente, habrás notado que las niñas tienden a ser confiadas e ingenuas. Pero cuando aquellos que debieran protegerlas y cuidarlas violan esa confianza con algún comportamiento ilícito, se producen muchas heridas. Es como programar una computadora con información falsa; sólo puedes extraer de ella lo que has puesto.

Cuando un hombre le dice a una niña que sus actos pervertidos son normales, ella no tiene ningún motivo para pensar que lo que se le dice no sea cierto. Ella se entrega a él y se deja acariciar por él.

Generalmente, la persona que maltrata a un niño es alguien muy cercano, alguien que está en contacto con el menor en momentos vulnerables. Pero también influye el temor. Muchos niños viven con el frío sabor del miedo en sus bocas. Ellos creen que el violador puede matarlos si dicen lo que les están haciendo. Y algunos, como las víctimas de violaciones sexuales, se sienten físicamente impotentes para defenderse del atacante.

¿Qué clase de emociones puede tener esta persona como resultado de esta conducta en su vida futura? Me alegra que hayas preguntado. ¡Sería fácil que esta niña llegara a ser una joven con dificultades para confiar en alguien! Tal vez aprenda a convivir con el sufrimiento interno llamando la atención de manera ilícita. Los centros de rehabilitación de drogas y las prisiones están llenas de adultos que han sido niños maltratados con necesidad de llamar la atención.

INTIMIDACIÓN POR INTIMIDAD

No todos los chicos maltratados toman decisiones tan drásticas. Con frecuencia, la etapa de mal comportamiento desaparece con el tiempo. Aun así, la niña violada lucha con su propia dignidad.

Ella piensa: "¿cómo puedo valer algo, si de la única manera en que podía complacer a mi padre era teniendo relaciones sexuales con él? Una niñez así puede afectar el desarrollo futuro de las relaciones. La intimidada por la intimidad, batalla con depositar su confianza en alguien. Una joven así irá siempre acompañada de inseguridad y celos, estando convencida que nadie puede amarla.

Existe una gran variedad de reacciones al maltrato infantil. Algunos evitan el contacto con personas que verdaderamente se interesan por ellos, siendo atraídos hacia aquellos que no los tratan bien. Habiendo sido maltratados, parecen sabotear las buenas relaciones y luchar durante años con situaciones que no valen la pena. Otros se han convertido en discapacitados emocionales hasta el grado que necesitan reafirmación y afecto constante para mantener el valor para enfrentar cada día.

DESPROGRAMANDO VIDAS POBREMENTE PROGRAMADAS

El pastor le puede decir a una jovencita que Dios es su Padre celestial. Pero eso no la ayuda debido a que el problema es su punto de referencia. Enmarcamos nuestras referencias basados en nuestras experiencias. Si esas experiencias están distorsionadas, nuestra capacidad para comprender las verdades espirituales van a estar fuera de foco. Sé que puede resultar muy negativo para alguien que se encuentra en esas circunstancias. Pero ¿qué puedes hacer cuando has sido pobremente programada por los acontecimientos de la vida? ¡Tengo buenas noticias! Puedes reprogramar tu mente con la palabra de Dios.

> *"No os conforméis a este siglo, sino transformaos por medio de la renovación de vuestro entendimiento, para que comprobéis cuál sea la buena voluntad de Dios, agradable y perfecta".*

Romanos 12:2

La palabra griega *metamorphoo* se traduce por "transformaos" en el texto. Literalmente, significa cambiar de forma. Tú puedes tener una metamorfosis completa por medio de la palabra de Dios.

Como pastor, he tenido la experiencia, debido a muchas consultas en mi ministerio y fuera de él también, que mucha gente maltratada, especialmente mujeres, tienden a congregarse en iglesias legalistas donde ven a Dios como un disciplinador. Muchas veces, el concepto de paternidad para ellas es un estricto códico ético. Este tipo de ministros dominantes pueden apelar a aquellos que tienen esa orientación.

¿MORAL O LEGALISMO?

Entiendo que la moral es importante en el cristianismo. Pero existe una gran diferencia entre la moral y el legalismo. Es importante que no se malentienda a Dios. Él es un Dios equilibrado.

Él no es un extremista.

"Y aquel Verbo fue hecho carne y habitó entre nosotros (y vimos su gloria, gloria como la del unigénito del Padre), lleno de gracia y de verdad".

Juan 1:14

La gloria de Dios se manifiesta solamente cuando hay un equilibrio entre la gracia y la verdad. La religión no transforma. El legalismo no transforma. Para la persona que se siente sucia, las reglas estrictas le pueden crear un sentido de autojustificación. Pero Dios no tiene que castigarte para sanarte. Jesús ya ha orado por ti.

"Santifícalos en tu verdad; tu palabra es verdad".

Juan 17:17

Jesús simplemente compartió gracia y verdad con aquella mujer herida. Él dijo: "mujer, eres libre". Nuestro Señor Jesús era un gran emancipador de los oprimidos. No interesa que haya sido oprimido socialmente, sexualmente o racialmente; nuestro Señor es un eliminador de distinciones. Cualquiera puede creer en la palabra de Dios y ser libre.

"Ya no hay judío ni griego; no hay esclavo ni libre; no hay varón ni mujer; porque todos vosotros sois uno en Cristo Jesús".

Gálatas 3:28

Creo que es importante señalar que este versículo trata de la unidad y la equidad en relación al pacto de salvación. Es como si dijésemos que Dios no respeta a las personas. Dios tira abajo las barreras que pudieran promover prejuicios y separaciones en el cuerpo de Cristo. Pero aun así, es importante notar también que mientras no haya distinción en la manera en que recibimos a cualquiera de esos grupos, existirá una apreciación por la exclusividad de sus individualidades.

VIOLACIÓN CULTURAL

Hay una singularidad racial, social y sexual que, no sólo debemos aceptar, sino apreciar. Es una violación cultural enseñar a otras culturas o razas que la única manera de adorar a Dios es de la manera en que otras culturas o razas lo hacen. La unidad no se logrará a expensas de la unicidad de expresión. Debemos tolerar también la variedad en las clases sociales. Es maravilloso enseñar acerca de la prosperidad siempre y cuando se entienda que la iglesia no es una organización elitista para espirituales jóvenes triunfadores solamente, quienes excluyen otras clases sociales.

Y si la singularidad se aprecia racial y socialmente, seguramente se reconocerá sexualmente. Varones y mujeres son uno en Cristo. Pero son únicos, y esa singularidad no debe ser alterada. ¡Que el varón sea masculino y la mujer sea femenina!

Es pecado para el hombre comportarse de manera afeminada. No estoy hablando simplemente de la homosexualidad. Estoy hablando de hombres que son amanerados en su manera de conducirse. Puede que muchos de estos hombres no sean homosexuales en su conducta, pero la Biblia dice que tienen que ser sanados del comportamiento amanerado, y viceversa. Es igualmente triste ver a una mujer masculina. De todas maneras, Dios quiere que ambos sean sanados, no odiados.

> *"No sabéis que los injustos no heredarán el reino de Dios? No erréis; ni los fornicarios, ni los idólatras, ni los adúlteros, ni los afeminados, ni los que se echan con varones".*

I Corintios 6:9

Me doy cuenta que estas conductas desordenadas son áreas que requieren sanidad y oración. El punto que quiero señalar es que la unidad no niega la singularidad. Dios dice: "no quiero que los hombres pierdan su característica masculinidad". Eso es cierto tanto racial, social como sexualmente.

Dios aprecia nuestras diferencias y aun crea unidad. Es como el director de orquesta que logra un armonioso concierto con los distintos instrumentos. Todos juntos producimos una música armoniosa que expresa el multifacético carácter de Dios.

Habiendo establecido la singularidad en la unidad, veamos ahora algunos aspectos de la singularidad de la mujer. Por naturaleza, la mujer es receptora. Ella no está constituida físicamente para ser dadora. Su realización sexual y emocional depende, en cierta medida, en lo que le da su pareja masculina (en cuanto a las relaciones íntimas).

UNA CERTERA VULNERABILIDAD

Hay una cierta vulnerabilidad que es parte del ser receptora. En cuanto a la reproducción (relaciones sexuales) el hombre es el factor que aporta mientras que la mujer es quien recibe. Y lo que es cierto en lo natural lo es también en lo espiritual. Los hombres tienden a actuar de acuerdo a lo que perciben en los hechos, mientras que las mujeres tienden a reaccionar por sus emociones.

Si tus acciones y estados de ánimo no reaccionan a la prueba del Espíritu Santo, entonces estás reaccionando a las sutiles asechanzas del enemigo. Él está tratando de producir su destructivo fruto en tu hogar, tu corazón, y hasta en tus relaciones. Por lo tanto, *receptora*, ten cuidado con lo que *recibes*. El mal humor y la mala disposición es lo que te va a ofrecer Satanás y lo que tienes que resistir. Dile al enemigo: "yo no soy así y no lo recibo". Su trabajo es el de ofrecerlo... y el tuyo el de resistirlo. Si tú haces tu trabajo, todo saldrá bien.

"Someteos, pues, a Dios, resistid al diablo y huirá de vosotros".

Santiago 4:7

No permitas que el enemigo se adhiera a ti y te viole por medio de sus sutiles seducciones. Él es dador y está buscando receptores. Debes discernir su influencia si es que vas a rechazarlo. Cualquier cosa que aparezca que no esté de acuerdo con la Palabra de Dios, es Satanás tratando de conectarse con el reino terrenal a través de tu vida. Él quiere que tú creas que no puedes cambiar. ¡A él le encantan las cadenas y las prisiones!

CONFESIONES

Declaraciones tales como: "yo soy así" o "estoy de un humor terrible hoy" proviene de labios que aceptan lo que tendrían que rechazar. Nunca te permitas nada menos que la actitud que Dios quiere que tengas en tu corazón. No dejes que Satanás gobierne tu día, tu marido o tu casa. ¡Eva podría haber echado al diablo del Edén!

"No deis lugar al diablo".

Efesios 4:27

No basta con rechazar los planes del enemigo. Debes nutrir la Palabra del Señor. Debes atraer a tu pecho la promesa de Dios y su visión del futuro. Es una ley natural que todo lo que no recibe alimento, muere. Y sea lo que sea lo que hayas traído a tu pecho es lo que está creciendo en tu vida. Por lo tanto, el amamantar tiene varias ventajas para lo que alimentas. Primero, escucha los latidos de tu corazón. Segundo, recibe la tibieza del contacto contigo. Y tercero, recibe alimento.

Pero sé cautelosa. Asegúrate de estar alimentando lo que quieres que crezca y pasando hambre con lo que quieres que muera.

Al leer esto puede que pienses que la vida te está pasando de largo. Puede que no estés sintiendo victoria en un área y derrota en otras.

Necesitas un ardiente deseo por el futuro. El tipo de anhelo que vence los temores del pasado y las inhibiciones. Vas a quedarte encadenada a tu pasado con todos sus secretos hasta que decidas que

¡ya basta!.

¡SE ESTÁ POR PRODUCIR UN TERREMOTO EN TU PRISIÓN!

Te advierto que cuando el deseo por el futuro llegue a la cima, puedes salir de la prisión. Te reto a que te sientes y escribas treinta cosas que te gustaría hacer con tu vida e ir tachándolas a medida que las vas logrando. De ninguna manera puedes planificar el futuro si al mismo tiempo estás estancada en el pasado.

¡Siento que se aproxima un terremoto a tu prisión! Es medianoche... ¡el momento en que cambia el día! Es el momento de cambiar. ¡Alaba a Dios y escapa del calabozo de tu pasado!

> *"Pero a medianoche, orando Pablo y Silas, cantaban himnos a Dios; y los presos oían. Entonces sobrevino de repente un gran terremoto, de tal manera que los cimientos de la cárcel se sacudían; y al instante se abrieron todas las puertas y las cadenas de todos se soltaron".*

Hechos 16:25-26

¿Te diste cuenta cuán difícil es comunicarse con la gente que está distraída y no te presta atención? Parecen fantasmas.¡No responden!

Hay aquí un principio que aprender. Pablo y Silas estaban totalmente centrados en Dios en medio de su sufrimiento. El dolor no seguirá repitiéndose a sí mismo en la vida de una persona, distraída y preocupada.

Toda mujer tiene algo que desearía poder olvidar. Olvidar no es un lapso de la memoria sino un desahogo. Como el dióxido de carbono, que el cuerpo no puede usar, exhálalo y déjalo ir fuera de tu espíritu. Concéntrate en Dios y deja que Dios te liberte.

> *"Hermanos, yo mismo no pretendo haberlo ya alcanzado; pero una cosa hago; olvidando ciertamente lo que queda atrás, y extendiéndome a lo que está delante, prosigo a la meta, al premio del supremo llamamiento de Dios en Cristo Jesús. Así que, todos los que somos perfectos esto mismo sintamos; y si otra cosa sentís, esto también os lo revelará Dios".*

Filipenses 3:13-15

Jesús liberó a la mujer enferma. Podía pararse derecha. La condición encorvada de su enfermedad fue quitada por el Dios amante que ve y lleva nuestras enfermedades al dispensario de sanidad y liberación. Tú puedes llamarlo aun en medio de la noche. Como un centro médico abierto las 24 horas, puedes localizarlo en cualquier momento. Él se conmueve ante tu enfermedad.

"Porque no tenemos un sumo sacerdote que no pueda compadecerse de nuestras debilidades, sino uno que fue tentado en todo según nuestra semejanza, pero sin pecado".

Hebreos 4:15

En el nombre de Jesucristo, nuestro sumo sacerdote, maldigo las enfermedades que han encorvado las espaldas de las mujeres de Dios. Oro para que mientras compartimos juntos la Palabra de Dios, el Espíritu Santo te vaya llevando hacia la sala de recuperación de Dios hasta que te des cuenta que tu trauma ha desaparecido.

Y me emociono al decir que Dios nunca pierde a nadie a quien Él espera usar asombrosamente. ¡Que Dios te revele su sanidad y propósito mientras continuamos buscándolo!

CAPÍTULO DOS

Flechas
rotas

Los hijos son cartas vivas que quedan como evidencia al futuro, que el pasado ha tenido cierto grado de contribución.

"He aquí, herencia de Jehová son los hijos; cosa de estima el fruto del vientre. Como saetas en mano del valiente, así son los hijos habidos en la juventud. Bienaventurado el hombre que llenó su aljaba de ellos; no será avergonzado cuando hablare con los enemigos en la puerta".

Salmo 127:3-5

 l nacimiento de un niño sigue siendo uno de los mayores milagros que jamás haya visto. Parado en la esterelizada sala blanca del hospital con olor a fuerte desinfectante en mis manos, como si fuese alguna nueva colonia, me dieron el eslabón al futuro. Me entregaron mi embajador en la próxima generación. Parpadeando, frunciéndose y estremeciéndose, ese pedacito de amor, envuelto en una manta ya estaba ligado a mi corazón para siempre....¡acabábamos de tener un hijo! Para mí, un pedacito de cielo se había hecho realidad en el vientre al consumarse nuestro amor.

CARTAS VIVAS

Los hijos son cartas vivas que quedan como evidencia al futuro, que el pasado ha hecho cierta contribución. El salmista David escribió una breve nota que habla tan fuerte como una bomba atómica al corazón de los hombres en relación a su actitud hacia los vástagos. Recuerda, él era David, el hombre cuya inmoralidad había dado como resultado un hijo con Betsabé.

A pesar de haber sido concebido de manera inapropiada, el bebé fue amado. David lo amó tanto, que pasó la noche acostado en la tierra, orando y ayunando, implorando misericordia mientras el pequeño se debatía en las frías garras de la muerte. Entonces, súbitamente, se hizo un gran silencio en la tienda. Los estremecimientos cesaron. Los llantos cesaron. El bebé de David había ido hacia el descanso eterno.

FLECHAS EN TUS MANOS

Si alguien sabe el valor de los hijos, esos son quienes los dejan en la tierra. *"Como saetas en manos del valiente, así son los hijos habidos en la juventud"* dice el rey David, cuya flecha cayó en tierra.

¿Por qué David compara a los hijos con las flechas? Tal vez se deba al potencial de ser lanzados hacia el futuro. Tal vez sea debido a la mina de oro que hay en el corazón de cada niño que es "implantado" en el vientre. O quizás, él esté tratando de decirnos que los niños van donde nosotros, sus padres, los lancemos. ¿Puede ser posible que nosotros, como padres, seamos lo suficientemente responsables como para colocarlos en el arco que acelere sus logros y su bienestar emocional? Creo que sí. ¡Qué feliz me siento de tener mi aljaba llena de flechas!

UN TIRO DE FLECHA

Si alguien tiene que sufrir, si fuese necesario soportar algún dolor, ya sean fuertes vientos, penurias u oposición, que sean los adultos... no sus hijos. Yo era la saeta de mi padre y el corazón de mi madre. Mi padre ha muerto, pero sus flechas todavía siguen elevándose al viento. Ustedes nunca lo conocerán; ya ha partido. Pero mi hermano, mi hermana, y yo seguimos volando, elevándonos, como una demostración científica que él existió, y por medio nuestro, continúa siendo.

Pero no se preocupen por mí, soy un disparo de flecha. Si no triunfo habré tenido las más grandes riquezas conocidas por el hombre. Habré tenido la oportunidad de probar los límites de mi destino. Será lo que tenga que ser. Acepto mi destino. Pero ya sea que lo acepte o lo rechace, una cosa es cierta: estoy acá. Mi padre me lanzó y ahora oro: "¡oh, Dios, déjame dar en el blanco!" Si yerro y caigo a tierra, al menos, podré decir: "me lanzaron".

FLECHAS ROTAS

Debemos orar por las flechas de esta generación. Debemos orar por aquellos que han sido lanzados a las calles, a las drogas y la perversión. No todos ellos, pero algunos, se han partido en la aljaba.

Le escribo a todos aquellos niños de mirada perdida que se hayan sentado frente a mí en mi escritorio con lágrimas en los ojos y labios temblorosos, conflictuados al contarme su secreto.

Le escribo a la temblorosa voz de todo aquel que contó por teléfono ese secreto que ya no podía guardar y no podía contarle a nadie.

Le escribo a los maridos que todas las noches toman en sus brazos una esposa que ha estado perdida en el espacio, un pimpollo marchito antes de conocerla, una flecha partida sacudiéndose en la aljaba.

Y le escribo a cada mujer que oculta tras sus vestidos de seda y sus carteras de cuero el terrible secreto que el maquillaje no puede cubrir y las muchas duchas no pueden limpiar.

Algunas personas los llaman niños maltratados. Algunos los llaman víctimas. Para algunos son estadísticas. Pero yo los llamo flechas rotas.

¿Qué mano es la que puede acariciar el pecho liso de una niñita? ¿Qué dedos pueden tocar la carne que él mismo ha creado? ¿Por qué el amor que debiera tenerle a la mamá, recae sobre la hija?

"¿Alguien puede decirme cómo borrar de mi mente la sensación de los dedos sobre mí?" es el clamor de las mentes asustadas que abrazan a sus muñecas y andan en bicicleta. El de pequeñitas y pequeñitos también, sentados en ómnibus escolares, quienes han recibido en Navidad más de lo que pueden contar y mostrar.

FLECHAS ARREGLADAS

Hoy en día, la iglesia tiene que darse cuenta que los problemas de los adultos con los que tenemos que batallar, generalmente, están enraizados en las cenizas de esas experiencias de la niñez. ¿Cuán delicada es la mano del cirujano? ¿Quién necesita ser operado por un carnicero? Así es en el ministerio. Existe un prerrequisito para la efectividad que no se halla en los libros de texto. La nuestra no es una medicina que resulte de la mezcla del farmacéutico. Las heridas de nuestros pacientes están en el corazón. No necesitamos medicina alguna; necesitamos milagros.

Siempre me río de la mente carnal que toma un libro como éste para criticar la forma de acercamiento del profeta. Ellos sopesan las palabras de sabiduría divina y los conocimientos adquiridos. Muchos confían más en un libro escrito por una persona, cuyos ojos pueden estar nublados por sus propios conflictos secretos, que confiar en la Palabra de Dios, quien sabe el final desde el principio.

Todo lo que aprende un psicólogo, o lo leyó en algún libro, o lo escuchó en alguna disertación o lo descubrió haciendo algún experimento. Aprecio a los tantos que han sido ayudados por estos valiosos corazones. Pero también sé que, haciendo lo mejor, están practicando un método incierto en las personas mientras se aproximan a su atribulada mente. ¡Lo que necesitan es la intervención divina!

Si mi automóvil tiene alguna falla menor, como cambiar la manguera del radiador o cambiar una rueda, lo puedo llevar a cualquier lado. Pero si sospecho que tiene algún problema serio, siempre lo llevo a la agencia. El fabricante conoce su producto mejor que cualquier mecánico promedio. Así como los agentes, deben obrar los ministros pero sin dejarse intimidar por las ciencia de la mente. El abuso infantil no es una manguera de radiador.

Dios no está practicando. ÉL es el fabricante. Él está capacitado. Es necesario que compartamos lo que Dios da, respuestas bíblicas a cuestiones conflictivas mientras tratamos con las áreas más sensibles de los niños violados sexualmente.

COMPASIÓN Y CAMBIO

Creo firmemente que donde no hay compasión, no habrá cambios duraderos. Mientras el liderazgo de la iglesia secretamente se burle y desprecie la perversión que haya en la iglesia, no habrá sanidad. ¡La perversión es el resultado del abuso! Mientras sigamos destruyendo lo que ya viene quebrado con nuestros prejuicios y fobias, no habrá sanidad. El enemigo nos roba el poder sanador robándonos nuestro interés en el asunto.

¡La compasión es la madre de los milagros! Cuando la tormenta revolvió el agua y los discípulos pensaron que iban a morir, no le hicieron un reto al poder de Cristo sino que apelaron a su compasión. Fueron a la parte posterior del barco y le dijeron: *"¿No te importa que muramos?"* (Marcos 4:38). Ellos sabían que sin una auténtica compasión, no habría un milagro.

Hasta que nosotros, como sacerdotes, no seamos tocados con los sentimientos de nuestras enfermedades perecederas, en lugar de desalentarnos con los síntomas, no habrá sanidad. También, cada marido que quiera ver a su esposa sanada y cada madre que tiene una niña con problemas de mujer: el poder de sanar está en el poder de cuidar de esa persona.

¿ERES UNA FLECHA ROTA?

Si tú eres una saeta rota, por favor, permite que alguien entre a tu tormenta. Sé que no dejas entrar a nadie para que venga en tu ayuda. Sé que si depositas un poquito de confianza puedes quedar expuesto. Pero las paredes que has levantado para protegerte también te han encarcelado.

¡SÉ LIBRE!

¡El Señor quiere que seas *libre* de tu calabozo de miedo!

A Él sí le importas. Nadie le quitará horas a su familia o a sí mismo para dedicarlas a orar por ti, predicarte, o hasta escribir esto si no le importaras. *¡Levántate y sé sana en el nombre de Jesús!*

¿Qué pasó con los discípulos mientras la barca era llevada por el viento y ellos se preguntaban cuán importantes eran para el Señor? ¡Jesús reprendió la tormenta! ¿Qué habrán pensado del Dios que navegaba con ellos y que no se preocupaba por la tormenta? Cuando Jesús dijo: *"Calla, enmudece"* (Marcos 4:39) y cesó la tormenta.

A Jesús le importa. Él está lleno de compasión. Y para ti en este día, Él le dice a tu tormenta: "calla, enmudece".

"Y al ver las multitudes tuvo compasión de ellas; porque estaban desamparadas y dispersas como ovejas que no tienen pastor"

Mateo 9:36

"Y saliendo Jesús vio una gran multitud, y tuvo compasión de ellos, y sanó a los que de ellos estaban enfermos".

Mateo 14:14

"Y Jesús teniendo misericordia de él, extendió la mano y le tocó y le dijo: Quiero, sé limpio".

Marcos 1:41

"Y salió Jesús y vio una gran multitud y tuvo compasión de ellos porque eran como ovejas que no tenían pastor; y comenzó a enseñarles muchas cosas".

Marcos 6:34

"El Señor de aquel siervo, movido a misericordia, le soltó y le perdonó la deuda".

Mateo 18:27

La compasión provocaba el poder de Cristo para realizar todos estos milagros. Podemos construir todas las iglesias que querramos. Las podemos decorar con la más fina tapicería y adornos. Pero si el pueblo no encuentra una amante voz dentro de sus paredes, seguirán de largo sin cambios con nuestra retórica religiosa y repetidos clichés.

VIENDO AL NIÑO MALTRATADO

Ya no podemos seguir aislando a la víctima y dejar que se escape el asaltante. Cada vez que te encuentres con una mujer adulta insegura, vulnerable e intimidada que siente un temor antinatural en su mirada, baja autoestima o postura defensiva, te está diciendo: "¿no tienes cuidado que muera?"

Cada vez que te encuentres con una mujer sin corpiño, vaqueros de hombre y comportándose como un hombre en vez de dormir con un hombre; y cada vez que veas un joven apuesto caminando como si fuese la madre de alguien en vez del padre... puede que estés viendo el maltrato infantil en la cara. Si piensas que es desagradable, tienes razón. Y si piensas que está mal, vuelves a tener razón. Pero si piensas que no puede curarse ¡estás completamente equivocado! Si miras detenidamente esos ojos que he tratado de describirte, sentirás que hay algo debilitado en esa persona, algo herido, perturbado o lisiado, pero que se puede arreglar.

EL DOLOR NO ES UN PREJUICIO

Estas flechas rotas vienen en todos los colores y formas. Algunas son negras, otras son blancas. Algunas son ricas, otras pobres. Hay algo acerca del dolor... no es un prejuicio. Camuflado, oculto detrás de las paredes de vidas triunfantes, la gente exitosa generalmente lucha con dolores secretos. Por lo tanto, no debemos estrechar el espectro de nuestro ministerio. Mucha gente no muestra ningún signo externo de traumas tan dramáticos como los que acabo de describir. Pero, aun así, han habido terribles tragedias en sus vidas lo suficientemente severas como para haberlos destruido y Dios no lo ha permitido.

¡A Dios sea la gloria! ¡Él es un magnífico sanador!

Toda persona que haya pasado por estas adversidades tiene su propia historia. Algunos han sido bendecidos al no tener que sufrir nada de esto. ¡Que los fuertes soporten las enfermedades de los débiles! Dios puede usarte grandemente para restaurar la integridad de otros que tienen diversos grados de quebraduras. Después de todo, todo accidente de automóvil no tiene la misma tasación en cuanto a daños. Mucha gente ha declarado lesiones sin tenerlas y les sigue gustando lo malo. Muchos de nosotros hemos recibido agravios en mayor o menor grado debido a que estamos expuestos a los efectos narcotizantes de este pecaminoso estilo de vida.

Pero a aquellos que han caído presa de las garras de Satanás, les debemos enseñar justicia. El hecho de haber perdurado es un testimonio para todos los que se saben flechas rotas.

"Y le presentaban niños para que los tocase; y los discípulos reprendían a los que los presentaban. Viéndolo Jesús, se indignó, y les dijo: dejad a los niños venir a mí y no se lo impidáis; porque

de los tales es el reino de Dios. De cierto os digo, que el que no reciba el reino de Dios como un niño, no entrará en él. Y tomándolos en los brazos, poniendo las manos sobre ellos, los bendecía".

Marcos 10:13-16

Me resulta interesante que justo antes que se registrase este episodio en las Escrituras, el Señor estaba ministrando sobre el tema del adulterio y el divorcio. Cuando sacó el tema, alguien le trajo a los niños para que los tocase.

HOGARES FRACTURADOS PRODUCEN NIÑOS QUEBRANTADOS

Generalmente, los hogares fracturados producen niños quebrantados.

Es ese pequeñito que ha quedado atrapado en el cruce de sus padres enojados. Esto me recuerda de un comunicado que escuché de la Guerra del Golfo. Era la lista de los nombres de aquellos jóvenes que murieron accidentalmente a manos de su propio ejército. Murieron inocentemente en el fragor de la batalla. El periodista usaba un término que yo nunca había escuchado anteriormente. Él le llamó el "fuego amistoso". Yo pensé *¿Dónde está lo "amistoso" en el hecho de morir de bruces en la arena caliente en un país extraño? ¡Quiero decir que eso no consuela mucho cuando estoy muriendo!* Muchos niños están siendo lastimados por el "fuego amistoso" de sus enojados padres.

Me pregunto ¿quiénes fueron aquellas personas que tuvieron la visión y la sabiduría para traer los niños al Maestro? Ellos los trajeron a Él para que los tocara. Fue una extraña interrupción en medio del discurso sobre el adulterio y el divorcio. He aquí estos pequeñines inocentes abrazando sus sucias mantas ante la presencia del Señor mientras Él trataba los problemas mencionados. Cuando Él los vio tomó tiempo de su ocupado horario, no tanto para aconsejarlos, sino para tocarlos. Eso es todo lo que hizo.

UN ALTO LLAMADO

Saludo a todas esas maravillosas personas que trabajan con niños.

Ya sea en la iglesia o en la escuela pública, tú tienes un alto llamado. No olvides tocar sus vidas con una palabra de esperanza y una sonrisa de estímulo. Tal vez sea lo único que reciba alguno de ellos. Ustedes son los constructores de nuestro futuro. Sean cuidadosos; ¡puede que estés construyendo una casa en la que tengamos que vivir!

¿Qué hicieron mal estos discípulos al enojarse con esa persona desconocida que apuntaba esas pequeñas saetas hacia la única respuesta que posiblemente vieran jamás? Jesús interrumpió su enseñanza sobre el divorcio y el abuso matrimonial para tocar a las víctimas. Se detuvo en su ministración a las consecuencias del maltrato y les dijo que dejasen acercar a los niños. ¡Que dejasen que se acercaran los que sufrían!

Es difícil trabajar con gente herida, pero ha llegado el tiempo en que dejemos que se nos acerquen los que sufren. Cualquiera, ya sea un animal lastimado o un paciente en el hospital, si sufre, es infeliz. ¡No podemos hacer que un león herido pegue saltos! Los niños heridos, así como los adultos heridos, pueden emanar la desagradable fragancia de la amargura. Pero, a pesar del desafío, es tonto rendirse. Por lo que ponen su "ay" bajo la venda y él interrumpe su mensaje.

Imagínense las manitos extendidas, las caritas levantadas, asomándose como gorriones sobre sus rodillas. Vienen en busca de una caricia pero Jesús siempre nos da más de lo que esperamos. Él los tomó en sus brazos amantes. Los tocó con sus sensibles manos. Pero, más que nada, ¡los bendijo con su corazón compasivo!

Me preocupa que conservemos nuestra compasión. ¿Cómo podemos estar en presencia de un Dios amante y no amar a estos pequeñitos? Cuando Jesús bendijo a los niños, retó a los adultos para que se hicieran como niños. ¡Ah, volver a ser niño! Poder tener el tipo de relación con Dios que no hemos tenido de chicos!

A veces necesitamos dejar que el Señor arregle los desajustes del pasado. Me alegra poder decir que Dios provee brazos para que los chicos ya crecidos puedan subirse como niñitos y ser nutridos, restaurando las tragedias de épocas anteriores. ¿No es gratificante ir a la presencia de Dios y dejar que Él te tome en sus brazos? En Dios, podemos volver a ser niños. La salvación es Dios dándonos la oportunidad de empezar todo de nuevo. Él no maltrata a los niños que se le acercan.

ENTRÉGATE EN BRAZOS DE TU PADRE

Es tan importante que aprendamos cómo adorar y alabar a nuestro Dios. No hay mejor manera de entregarse en sus brazos. Aunque hayas sufrido experiencias devastadoras en tu niñez, Dios puede revertirlas. ¡Él puede hacer que la persona mayor sienta el gozo de ser un niño en su presencia!

A través de la alabanza me acerco a Él como un niño que recién comienza a caminar con sus piernas inseguras. En la adoración, beso su rostro y Él me acaricia con su unción. Él no tiene ninguna motivación ulterior, su caricia es segura y saludable.

> *"Y olvidarás tu miseria, o te acordarás de ella como aguas que pasaron. La vida te será más clara que el mediodía; aunque oscureciere, será como la mañana. Tendrás confianza, porque hay esperanza; mirarás alrededor, y dormirás seguro. Te acostarás y no habrá quién te espante; y muchos suplicarán tu favor".*

Job 11:16-19

Es inconcebible para el damnificado olvidar el daño. Pero, como mencioné en el capítulo uno, olvidar no es adquirir amnesia. Significa llegar a un estado donde la miseria es apartada de la memoria del herido, como el aguijón que se quita luego de la picadura de un insecto. Una vez sacado el aguijón, la sanidad es inevitable.

El pasaje de Job señala tan elocuentemente que la memoria es "como aguas que pasaron". Párate en una corriente de agua con el agua hasta tus tobillos y el agua pasará, nunca más la verás. Igual es con la desdicha que ha arruinado tu vida. Déjala ir; déjala que siga su curso. Él dice que la vida será más clara que el mediodía en contraste con la negrura de la noche. Simplemente declara que era de noche pero ahora es de día.

Tal vez David había comprendido bien los efectos posteriores de una dramática liberación cuando dice: *"...por la noche durará el lloro y a la mañana vendrá la alegría"* (Salmo 30:5b). Existe plena seguridad cuando estamos seguros en brazos de Dios. Cuando estamos en buena relación con Dios es cuando empezamos a dejar que el pasado se desprenda de nosotros como una vestidura. Podemos recordarlo ¡pero escogemos no llevarlo puesto!

DESCANSADO EN SU PRESENCIA

Estoy convencido de que el descanso que tenemos en la relación con Dios, nos sana de los sentimientos de vulnerabilidad. Es una vergüenza que muchos cristianos todavía no descansen en las promesas de Dios. Todos necesitan seguridad. Tanto las niñas como las mujeres necesitan sentirse seguras. En el proceso de crear a Eva, la madre de todos los vivientes, el tiempo de Dios fue crucial. Es más, Dios no la creó hasta proveer primero todo lo que ella necesitaba. Desde el entorno hasta la relación, todas las cosas estaban en orden. Dios sabía que la mujer iba a necesitar estabilidad. Es innato en ella. Él sabía que ella no iba a querer cambios repentinos que arriesgaran su seguridad.

HECHA PARA SER PROTEGIDA

La mujer ha sido creada para ser cubierta. Originalmente, Adán fue su cobertura. Él la protegía y la nutría. Mi hermana, tú has sido creada para ser protegida, aun de niña. Si alguien te "descubre" te sientes violada. Aun cuando estos sentimientos se acallen, y frecuentemente ocurre así, siguen siendo poderosos.

Pienso que es interesante que cuando la Biblia habla de incesto, usa la palabra *descubierta*. La violación sexual destruye la protección de la familia y las personas responsables a las cuales vemos como guías. Esta rajadura en la correcta relación nos deja expuestos a una infinita gama de imágenes corruptas y lascivas. Como el fruto pelado demasiado verde, es dañino descubrir lo que Dios ha querido que se mantenga protegido.

¿Quién puede volver a ponerle la cáscara a la banana una vez pelada? La Biblia dice: *"para los hombres es imposible, mas para Dios no; porque todas las cosas son posibles para Dios"* (Marcos 10:27).

> *"Ningún varón se llegue a parienta próxima alguna para descubrir su desnudez. Yo Jehová".*

Levítico 18:6

Toquetear a un niño es descubrirlo. Lo hace sentir desprotegido. ¿Te das cuenta que una de las cosas que logró la sangre derramada de Cristo fue cubrirnos? Como los hijos de Noé que cubrieron la desnudez de su padre, la sangre de Jesús cubre lo descubierto. Él no dejará que te pases el resto de tu vida descubierta y desprotegida.

Por medio de Ezequiel, Dios dio un mensaje a la nación de Israel con la ilustración de una mujer violada. Él dijo como, de niña, esta criaturita no había sido cuidada adecuadamente. Pero que Él pasó y la tomó y la cuidó de bebé. El profeta dice que se hubiese desangrado hasta morir si Dios no la hubiese cuidado deteniendo la sangre.

> *"Y yo pasé junto a ti y te vi sucia en tus sangres, y cuando estabas en tus sangres te dije: ¡Vive! Sí, te dije, cuando estabas en tus sangres: ¡vive! Te hice multiplicar como la hierba del campo; y creciste y te hiciste grande, y llegaste a ser muy hermosa; tus pechos se habían formado, y tu pelo había crecido; pero estabas desnuda y descubierta. Y pasé yo otra vez junto a ti, y te miré, y he aquí que tu tiempo era tiempo de amores; y extendí mi manto sobre ti, y cubrí tu desnudez; y te di juramento y entré en pacto contigo, dice Jehová el Señor, y fuiste mía. Te lavé con agua, y lavé tus sangres de encima de ti y te ungí con aceite; y te vestí de bordado, te calcé de tejón, te ceñí de lino y te cubrí de seda".*

Ezequiel 16:6-10

¿Sabés acaso que Dios puede detener la hemorragia de una niña violada? Aunque hayas crecido, Él sigue guardándote. Él cubrirá tu desnudez. Acepta el hecho que Dios te ha estado cuidando toda tu vida. Mi hermana, Él te cubre, Él te viste y Él te bendice. Regocíjate en Él a pesar de los espacios rotos. La gracia divina es suficiente para tus necesidades y tus heridas. Él te ungirá con aceite.

LOS CUIDADOS INTENSIVOS DE DIOS

¡Que la unción del Señor se derrame ahora mismo sobre ti! Deja que te bañe, te sane y te fortalezca como nunca antes. Dios le da cuidados intensivos a los heridos. Habrá momentos en tu vida en los que Dios te nutrirá en situaciones de crisis. Ni te das cuenta cuántas veces Dios ha intervenido para aliviar las tensiones y el estrés del diario vivir. Cada tanto, Él nos hace algún favor. Sí, un favor, algo que no nos ganamos o que ni siquiera podemos explicarnos, a no ser, como la amante mano de Dios. Él sabe cuando la carga es abrumadora. Y muchas veces Él se mueve (nos parece a nosotros) en el último instante.

La Biblia enseña a los maridos a vivir con sus mujeres sabiamente (I Pedro 3:7). A los maridos les cuesta mucho entender que a muchas, muchas esposas no les resulta fácil lidiar con la tensión de las cuentas impagas y el desorden financiero. Debido a la manera en que Dios ha creado a la mujer, el sentirse seguras es un agregado, especialmente, en cuanto a la casa se refiere. Ese mismo principio es importante en nuestra relación con Dios. Él nos está afirmando constantemente que debemos tener consuelo y esperanza en el alma, la mente y las emociones, estable e inconmovible. Él nos da seguridad y firmeza.

> *"Por lo cual, queriendo Dios mostrar más abundantemente a los herederos de la promesa la inmutabilidad de su consejo, interpuso juramento; para que, por dos cosas inmutables, en las cuales es imposible que Dios mienta, tengamos un fortísimo consuelo los que hemos acudido para asirnos de la esperanza puesta delante de nosotros".*

Hebreos 6:17-18

TEMOR DE LA FLECHA ROTA

"Te acostarás y no habrá quien te espante" dice la Palabra de Dios (Job 11:19). Dios quiere traerte a un lugar de descanso donde no hay pasos en el suelo ni miradas asustadas dirigidas a aquellos con quienes nos relacionamos. Como un animal asustado acorralado en un rincón, podemos volvernos temerosos e irritados debido a que no nos sentimos seguros. Cristo dijo: "Mujer, eres libre".

No hay mayor tortura que la tortura interior. ¿Cómo puedes huir de ti misma? No importan los logros que hayas alcanzado en la vida si las pesadas cadenas de antiguos fantasmas no te dejan descansar, no tendrás una sensación real de paz y gozo interior. Dios dice: *"no habrá quien te espante"* y *"el perfecto amor echa fuera el temor"* (I Juan 4:18).

Es un sentimiento muy desdichado pasarse la vida con temor. Muchas mujeres adultas viven temerosas debido a sus experiencias como flechas rotas. Esta clase de miedo se puede manifestar en forma de celos, depresión o cualquier otro tipo de aflicción. En la medida que permitas que el pasado pase de largo como las aguas corrientes, comenzarás a vivir y a descansar en una nueva confianza. Dios te ama tanto que hasta se preocupa por tu descanso. Por lo tanto, toma autoridad sobre los recuerdos y sueños que te tienen atada al pasado. Aun mientras estamos compartiendo este tema aquí juntos, la paz de Dios hará algo nuevo en tu vida. Te exhorto a que reclames para ti las palabras de Job 11:16-19.

DÍAS SENCILLOS

Me crié en los ricos y robustos montes Apalaches de Virginia occidental donde el mullido verdor acentuaba los majestuosos picos del escarpado terreno montañoso. Las colinas que circundaban las riberas de los ríos eran como escribientes de juzgado, tomando nota de todo los sucesos que se desarrollaban a lo largo de las edades sin expresión alguna o interferencia. Siendo niño, aprendí cómo entretenerme corriendo de arriba abajo por los senderos que marcaba la población, salpicando en los charcos y cantando canciones al viento. Esta clase de diversión sencilla es, para mí, característica de aquel tiempo cuando los chicos no eran tan complicados como ahora.

Si sabes algo acerca de los Apalaches, sabrás que eran el patio de juego de muchos, muchos indios en días pasados. Durante mi niñez, mis compañeros de escuela y yo mismo podíamos encontrar cosas memorables en las rocas y en los arroyos de las colinas. Existe una gran cantidad de colinas hechas por el hombre, que los indios llaman montículos, usadas como cementerios para la gran población indígena.

Lo que más encontrábamos eran puntas de flechas muy afiladas. Quizás, algún valiente indígena salido de las páginas de la historia hubiese desechado la flecha creyendo que ya le había sacado todo el uso posible. Aunque sin valor para él, para nosotros era valiosísima y la sacábamos de su escondite guardándola en un lugar seguro.

DIOS JUNTA FLECHAS ROTAS

Del mismo modo, creo que Dios junta niños desechados, quienes, como las flechas, han sido sacados de la aljaba de gente mezquina y ruda. Si los chicos son como flechas en la aljaba del hombre entonces, las flechas quebradas arrojadas por ese mismo hombre, le pertenecen a Dios. Él siempre está encontrando tesoros en lo que esta sociedad confundida desecha.

> *"Y serán para mí especial tesoro, ha dicho Jehová de los ejércitos, en el día en que yo actúe; y los perdonaré, como el hombre que perdona a su hijo que le sirve".*

Malaquías 3:17

Por favor, Espíritu Santo, traduce estas pobres palabras en un diluvio que limpie y renueve. Oro para que tú, que has sido herida, le permitas a la reconstructora mano del Alfarero enmendar las piezas rotas en tu vida. En medio de luchas y conflictos, necesidades e incidentes, deja que la paz y la serenidad del conocimiento de Dios haga nacer un sueño nuevo. Pero, más que nada, deja a un lado tus viejos temores.

CAPÍTULO TRES

Aquello fue entonces

Muchos le tienen más confianza a un libro de texto escrito por una persona cuya visión puede estar nublada por sus propios conflictos internos que a la Palabra de Dios, quien conoce el final desde el principio.

uchos cristianos experimentan el nuevo nacimiento en su temprana niñez. Es beneficioso contar con las ventajas de la ética cristiana. No estoy seguro qué hubiese pasado si me hubiese criado en la iglesia, aislado del mundo y el pecado. A veces envidio aquellos que han podido vivir triunfantes toda su vida. Pero la mayoría de nosotros no hemos tenido ese tipo de vida. Mi preocupación es por aquellas personas que han perdido la sensibilidad hacia otros y que sufren de arrogancia espiritual. Jesús condenó a los fariseos por su arrogancia espiritual, aunque muchas veces esa misma autojustificación espiritual contamina la iglesia.

SANTIDAD IMPURA

Hay quienes definen la santidad por la manera de vestirse o por lo que comen. Durante años las iglesias exhibieron el nombre "santidad" porque controlaban la apariencia externa de una persona, pero no estaban mirando su carácter. Frecuentemente, se ocupaban en lo que la persona usaba, en el maquillaje o las joyas que se ponía mientras miles de personas destruían sus vidas sumergidas en las drogas y la prostitución. Las iglesias tenían las prioridades cambiadas. La gente de la calle que iba a las iglesias no tenía idea por qué el ministro enfatizaba la apariencia externa mientras la gente sangraba por dentro.

El hecho es que todos hemos nacido en pecado y concebidos en iniquidad. No hay nada que podamos usar externamente como distintivo de nuestra rectitud. Dios concluye diciendo que todo está bajo el pecado para que Él pueda salvarnos (Gálatas 3:22). No era el acto pecaminoso sino el estado de pecado lo que nos llevaba a la condenación. Todos hemos nacido en pecado. Todos, individualmente fuimos concebidos en iniquidad, sin que se escape ninguna raza o grupo social de la herencia pecaminosa de Adán.

MAYORÍA EN LAS MINORÍAS

Ninguna persona necesita la sangre de Jesús más que otra. Jesús murió una vez y por todos. La humanidad debe venir a Él en igualdad de condiciones. Todo individuo es totalmente impotente para llegar a Él. Cuando venimos a Él en esa actitud, nos levanta por la sangre de Cristo. Él no nos levanta por las buenas obras que hayamos hecho. Él nos levanta porque tenemos fe en la obra completa realizada en la cruz.

Mucha gente en la iglesia ha estado esforzándose por conseguir la santidad. Lo que nos hemos estado esforzando por perfeccionar se ha caído y sólo se restaurará en la segunda venida del Señor. Hemos estado tratando de perfeccionar la carne. Pero la carne está en enemistad con Dios, ya sea que nos guste o no.

Frecuentemente, la iglesia ha tenido, y sigue teniendo, mayoría en las minorías. Cuando ocurre eso es porque la iglesia ha perdido contacto con el mundo y con la inspiración del Señor. Ya no está alcanzando a los perdidos. La iglesia que se concentra en lo exterior ha perdido su pasión por las almas. Cuando llegamos a esa posición hemos logrado una pseudo-santidad. Es una santidad falsa.

¿QUÉ ES SANTIDAD?

Para comprender la santidad, debemos separar primeramente lo falso de lo auténtico, porque cuando vienes a la iglesia, es posible que dejes de lado los sentimientos de ciudadano de segunda clase. Muchos se extralimitan en su esfuerzo por ser superespirituales para contrarrestar un bochornoso pasado. No puedes conseguir liberación. Debes recibirla por fe. Cristo es la única justicia que Dios acepta. Si la santidad exterior hubiese impresionado a Dios, Jesús se hubiese referido a los fariseos.

Pero, existe una santidad espiritual, proveniente de la sangre del Señor Jesucristo que santifica las partes internas de tu ser. Ciertamente, cuando eres limpiado en tu espíritu, se reflejará en tu carácter y tu conducta. No te vas a vestir como María Magdalena antes de conocer al Maestro. El Espíritu del Señor te pondrá los límites. Por otro lado, la gente tiene que soltarse de las ataduras de culpabilidad y condenación. En particular, muchas mujeres han estado atadas debido a sermones manipulativos que se especializan en controlar y dominar.

EL ÚNICO HOSPITAL PARA ALMAS HERIDAS

La iglesia debe abrir sus puertas y permitir que entre la gente que tiene un pasado. Lo que frecuentemente sucede es que la gente se pasa años sentada en el último banco tratando de pagar con reverencia algo hecho en el pasado. Las congregaciones, frecuentemente, no desean liberar a las mujeres reformadas. Recuerda que la misma sangre que limpia al hombre puede restaurarte a ti también.

La Biblia nunca tapó las debilidades de la gente que Dios usó. Dios usó a David y usó a Abraham. Debemos dejar de lado la vergüenza que nos produce la gente herida. Sí, tenemos gente herida. Sí, tenemos gente que sufre. Y, a veces, pasan los límites siendo carnales o perdiendo el control. Cuando eso sucede, debemos enviarlos al hospital para que reciban nuevamente tratamiento. Esa es la función de la iglesia. La iglesia es el único hospital para almas heridas.

El plantel del hospital entiende que periódicamente la gente se enferma y necesita un lugar para recuperarse. Ahora, no estoy tolerando el pecado, simplemente, estoy explicando que es una realidad. Muchos de los personajes bíblicos no eran santos. El único hombre santo en toda la Biblia es Jesús, el Cristo, la justicia de Dios.

CENTRADOS EN LA GENTE HERIDA

Todos hemos luchado contra algo, aunque puede no haber sido el mismo desafío. Mi lucha puede que no sea la tuya. Yo estoy luchando con algo que para ti no es ningún problema, tú no tienes la responsabilidad de juzgarme cuando tú estás batallando con algo igualmente incriminatorio.

Las acciones de Jesús eran notablemente diferentes a las nuestras. Él se centraba en la gente herida. Cada vez que Él veía una persona que sufría, le ministraba a sus necesidades.

En una oportunidad, estaba predicando y mirando entre la multitud vio a un hombre con una mano paralizada. Lo sanó inmediatamente (Marcos 3:1-5). Se sentó con prostitutas y bebedores y no con la crema de su comunidad. Es más, Jesús se rodeó de gente quebrantada, sangrante y sucia. Llamó a una mujer encorvada (Lucas 13:11-13). Había ido a la sinagoga durante años y se había sentado allí sin que nadie la ayudase hasta que Jesús la ve. Cuando la ve, la llama al frente.

Al principio, cuando meditaba en su llamado, pensé: *qué rudo fue al llamarla*. ¿Por qué no envió la palabra y la curó en su asiento? Quizás Dios quiere que nos movamos hacia Él. Debemos invertir algo en nuestra propia liberación. Debemos sacar el testimonio de la prueba. Creo también que alguien que estaba allí mirando a Jesús ministrando tendría problemas. Cuando vemos a alguien venciendo una incapacidad, nos ayuda a nosotros a vencer las nuestras.

SANANDO LAS HERIDAS DEL PASADO

No sabemos cuánto tiempo le llevó a la mujer levantarse y pasar al frente. La gente discapacitada no se mueve al mismo ritmo que los demás. Como creyentes, frecuentemente, no crecemos al mismo ritmo que otras personas debido al largo tiempo de sufrimiento. Somos discapacitados. Lo que habitualmente es fácil para una persona es extremadamente difícil para otra. Pero Jesús retó las limitaciones de esta mujer. Él la llamó.

Gracias a Dios que Él llama a mujeres con pasado. Él dice: "¡levántate! Tú puedes venir a mí". Más allá de lo que la persona haya hecho o a qué clase de maltratado haya estado sometida, Él sigue llamando. Podemos creer que nuestro secreto es peor que el de cualquier otro. Pero estate segura que Él lo sabe todo, y aun así nos sigue atrayendo hacia sí con un inmutable llamado. Jesús dijo:

"Venid a mí todos los que estáis trabajados y cargados, y yo os haré descansar" (Mateo 11:28).

No importa cuán difícil parezca la vida, la gente con pasado tiene que ir a Jesús. A pesar de los obstáculos internos y externos, deben ir a Él. Puedes sacar un bebé de la cuna y seguir sujetándolo en tus brazos. Puede que hayas sido maltratada o violada y que nunca hayas podido hablar de eso con nadie, pero no dejes de ir a jesús. No tienes que contarle toda tu historia a todo el mundo. Sólo sabe que Él llama, a propósito, mujeres con un pasado. Él conoce tu pasado y, aun asi, te llama.

Dios hará un milagro contigo. Lo hará poderosamente en público. Muchos dirán: ¿esta es la misma mujer encorvada y herida?

Quizás otros piensen: ¿esta es la misma mujer que tenía un pie en la iglesia y otro en una aventura amorosa?

JESÚS INTIMABA CON GENTE "PINTORESCA"

Mucha de la gente que formaba parte del ministerio terrenal de Jesús era gente con un pintoresco pasado. Muchos, verdaderamente, habían estado esperando la llegada del Mesías. Otros estaban involucrados en cosas inmorales e inapropiadas.

Un buen ejemplo es Mateo. Era un hombre que ejercía una profesión detestable. Era un cobrador de impuestos. A muy pocos hoy en día les gustan los recaudadores de impuestos. Su reputación era peor aún en esa época. Mateo recaudaba impuestos para el imperio romano. Debía ser considerado un traidor por los judíos fieles, los romanos eran sus opresores. ¿Cómo había podido abandonar su herencia y unirse a los romanos?

Y los recaudadores de impuestos hacían más que recibir impuestos en beneficio del gobierno. Frecuentemente, no eran mejores que los extorsionadores. Debían reunir cierta suma para Roma, pero cualquier suma superior a eso era su comisión, por lo que exigían impuestos excesivos. Generalmente, actuaban como ladrones comunes.

Pero, a pesar de su pasado, Jesús llamó a Mateo para que fuese su discípulo. Luego fue un gran apóstol y escribió uno de los libros del Nuevo Testamento. Mucha de la historia y la grandeza de Jesús la hubiésemos perdido de no haber sido porque Jesús llamó a Mateo, un hombre con pasado. Debemos mantener una férrea línea de demarcación entre el pasado y el presente de la persona.

GENTE CON PASADO

Esta es la clase de gente que Jesús quiere alcanzar. Él fue criticado por estar rodeado de gente con un carácter tan cuestionable. A cada lugar que iba, lo seguían los oprimidos y los rechazados debido a que sabían que Él ofrecía misericordia y perdón.

> *"Y aconteció que estando él sentado a la mesa en la casa, he aquí que muchos publicanos y pecadores, que habían venido se sentaron juntamente a la mesa con Jesús y sus discípulos. Cuando vieron esto los fariseos, dijeron a los discípulos: ¿por qué come vuestro Maestro con los publicanos y pecadores? Al oír esto, Jesús les dijo: Los sanos no tienen necesidad de médico, sino los enfermos".*

Mateo 9:10-12

La gente con un pasado siempre ha podido ir a Jesús. Y Él ha hecho algo maravilloso y asombroso. Se cuenta que María Magdalena era una prostituta. Cristo fue movido a misericordia hasta por esa básica forma de existencia humana. Él nunca usó una prostituta para tener relaciones sexuales, pero seguramente las ama en el reino de Dios.

Cuando Jesús estaba enseñando en los atrios del Templo, había personas que querían atraparlo con sus palabras. Ellos sabían que su ministerio estaba dirigido a las masas de clase baja. Ellos creían que si lograban hacerlo decir algo condenatorio, la gente no lo seguiría más.

> *"Entonces los escribas y los fariseos le trajeron una mujer sorprendida en adulterio; y poniéndola en medio, le dijeron: Maestro, esta mujer ha sido sorprendida en el acto mismo de adulterio. Y en la ley, nos mandó Moisés apedrear a tales mujeres. Tú, pues ¿qué dices? Mas esto decían tentándole para poder acusarle. Pero Jesús, inclinado hacia el suelo, escribía en tierra con el dedo. Y como insistieron en preguntarle, se enderezó y les dijo: el que de vosotros esté sin pecado sea el primero en arrojar la piedra contra ella. E inclinándose de nuevo hacia el suelo, siguió escribiendo en tierra. Pero ellos, al oír esto, acusados por su conciencia, salían uno a uno, comenzando desde los*

más viejos hasta los postreros; y quedó solo Jesús y la mujer que estaba en medio. Enderezándose Jesús y no viendo a nadie sino a la mujer, le dijo: Mujer ¿dónde están los que te acusaban? ¿Ninguno te condenó? Ella dijo: ninguno, Señor. Entonces Jesús le dijo: Ni yo te condeno; vete, y no peques más".

Juan 8:3-7

Jesús vio con claridad el absurdo orgullo religioso en sus corazones. Él no estaba tolerando el pecado de adulterio. Comprendió, simplemente, la necesidad de llegar a la gente en el lugar en que se encontraba y ministrar a su necesidad. También vio el orgullo en los fariseos y ministró corrección a ese orgullo. Él vio a la mujer herida y le ministró perdón. La justicia demandaba que se le diese muerte a pedradas. Pero la misericordia de Dios terminó con el juicio en el tribunal.

¿Te has preguntado alguna vez dónde se encontraba el hombre que estaba cometiendo adulterio con ella? A ella la sorprendieron en el preciso momento, por lo tanto, ellos sabían quién era el hombre. Todavía hoy en día parece existir un doble estándar para el pecado sexual. Con frecuencia miramos a la mujer por su pasado y pasamos por alto lo que ella es actualmente. Jesús sabía el poder de una segunda oportunidad.

"Enderezándose Jesús y no viendo a nadie sino a la mujer, le dijo: Mujer ¿dónde están los que te acusaban? ¿Ninguno te condenó? Ella dijo: ninguno, Señor. Entonces Jesús le dijo: Ni yo te condeno; vete, y no peques más".

Juan 8:10-11

En estos tiempos hay muchas mujeres como ella. Vienen a la iglesia. Quizás hayan hecho un gran compromiso con Cristo y tienen el mismísimo Espíritu de Dios viviendo en ellas. Pero aun así andan encorvadas. Han sido apedreadas y ridiculizadas. Puede que no estén físicamente vencidas y encorvadas, pero están heridas internamente. De alguna manera, la iglesia debe encontrar lugar para eliminar la condenación y darles vida y sanidad.

La sangre de Jesús es eficaz para limpiar a la mujer que se sienta impura. ¿Por qué vamos a rechazar nosotros lo que Jesús ha limpiado y hecho íntegro? Así como le dijo a aquella mujer, Él dice hoy: "Ni yo te condeno; vete, y no peques más". ¿Acaso la iglesia puede hacer menos?

LAS CADENAS QUE ATAN

Las cadenas que atan generalmente provienen de hechos sobre los cuales no tenemos control. La mujer que ha sido violada no es responsable por los terribles acontecimientos del pasado. Otras veces, las cadenas están ahí porque hemos vivido voluntariamente vidas que nos atan y nos hacen sufrir. Pero, sea lo que sea lo que lo produzca, Jesús vino para darnos libertad. Él está desatando las mujeres de su iglesia. Él perdona, sana y restaura. Las mujeres pueden encontrar el potencial de su futuro porque el poder maravilloso de Jesús opera en sus vidas.

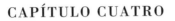

CAPÍTULO CUATRO

La víctima
sobrevive

Párate en una corriente de agua y mójate hasta los tobillos. Las aguas que pasen en ese momento, no las volverás a ver nunca más. Así es con las desdichas que te han pasado en la vida: déjalas pasar, déjalas que corran.

uisiera compartir ahora una de las más poderosas historias bíblicas. Se llevó a cabo en el antiguo Israel. El pueblo escogido había llegado a ser un gran imperio. Israel había llegado al cenit bajo la conducción de un piadoso rey llamado David. No hay lugar a discusión que David, frecuentemente, se dejaba llevar por sus pasiones fracasando moralmente. Pero, era un hombre que reconocía sus fracasos y se arrepentía. Era un hombre que veía el corazón de Dios.

Aunque David ansiaba seguir a Dios, algunas de sus pasiones y deseos carnales fueron heredados por sus hijos. Tal vez, ellos hayan aprendido algunas cosas negativas de los fracasos de su padre. Esa es una inclinación que debemos resistir. No debemos repetir los fracasos de nuestros padres. Aunque somos más vulnerables a las debilidades de ellos.

"Aconteció después de esto, que teniendo Absalón hijo de David una hermana hermosa que se llamaba Tamar, se enamoró de ella Amnón hijo de David. Y estaba Amnón angustiado hasta enfermarse por Tamar su hermana, pues por ser ella virgen, le parecía a Amnón que sería difícil hacerle cosa alguna. Y Amnón tenía un amigo que se llamaba Jonadab, hijo de Simea, hermano de David; y Jonadab era hombre muy astuto. Y éste le dijo: Hijo del rey ¿por qué de día en día vas enflaqueciendo así? ¿No me lo descubrirás a mí? Y Amnón le respondió: Yo amo a Tamar, la hermana de Absalón mi hermano. Y Jonadab le dijo: Acuéstate en tu cama y finge que estás enfermo y cuando tu padre viniere a visitarte, dile: Te ruego que venga mi hermana Tamar, para que me dé de comer, y prepare delante de mí alguna vianda, para que al verla yo la coma de su mano. Se acostó pues, Amnón, y fingió que estaba enfermo; y vino el rey a visitarle. Y dijo Amnón al rey: Yo te ruego que venga mi hermana Tamar, y haga delante de mí dos hojuelas, para que coma yo de su mano. Y David envió a Tamar a su casa, diciendo: Vé ahora a casa de Amnón tu hermano, y hazle de comer. Y fue Tamar a casa de su hermano Amnón, el cual estaba acostado; y tomó harina, y amasó, e hizo

hojuelas delante de él y las coció. Tomó luego la sartén, y las sacó delante de él; mas él no quiso comer. Y dijo Amnón: echad fuera de aquí a todos. Y todos salieron de allí. Entonces Amnón dijo a Tamar: Trae la comida a la alcoba para que yo coma de tu mano. Y tomando Tamar las hojuelas que había preparado, las llevó a su hermano Amnón a la alcoba. Y cuando ella se las puso delante para que comiese, asió de ella y le dijo: Ven, hermana mía, acuéstate conmigo. Ella entonces le respondió: No, hermano mío, no me hagas violencia; porque no se debe hacer así en Israel. No hagas tal vileza. Porque ¿adónde iría yo con mi deshonra? Y aun tú serías estimado como uno de los perversos de Israel. Te ruego, pues, ahora, que hables al rey, que él no me negará a ti. Mas él no la quiso oír sino que pudiendo más que ella, la forzó y se acostó con ella. Luego la aborreció Amnón con tal aborrecimiento, que el odio con que la aborreció fue mayor que el amor con que la había amado. Y le dijo Amnón: Levántate y vete.

Y ella le respondió: No hay razón; mayor mal es este de arrojarme, que el que me has hecho. Mas él no la quiso oir, sino que llamando a su criado que le servía, le dijo: Échame a ésta fuera de aquí, y cierra tras ella la puerta. Y llevaba ella un vestido de diversos colores, traje que vestían las hijas vírgenes de los reyes. Su criado, pues, la echó fuera, y cerró la puerta tras ella. Entonces Tamar tomó ceniza y la esparció sobre su cabeza y rasgó la ropa de colores de que estaba vestida, y puesta su mano sobre su cabeza, se fue gritando. Y le dijo su hermano Absalón: ¿Ha estado contigo tu hermano Amnón? Pues calla ahora, hermana mía; tu hermano es; no se angustie tu corazón por esto. Y se quedó Tamar desconsolada en casa de Absalón su hermano. Y luego que el rey David oyó todo esto, se enojó mucho".

2 Samuel 13:1-21

El nombre Tamar significa "palmera". Tamar es una sobreviviente. Se yergue en verano y primavera. Hasta en el otoño tiene hojas verdes cuando otros árboles pierden el follaje. La palmera sigue en pie. Cuando el frío invernal le da de lleno, ella sigue estando en pie haciéndole frente y manteniendo su verdor. Tamar es una sobreviviente. Y, al igual que ella, tú eres una sobreviviente. En los momentos difíciles, Dios te ha dado la tenacidad para soportar las tensiones y dificultades.

EL ABUSO ES UN USO ANORMAL

Como hombre, me resulta difícil comprender en su totalidad cuán terrible es para una mujer la violación. Puedo condolerme, pero una violación es incomprensible. No me siento tan vulnerable como se debe sentir una mujer al ser violada. Pero, me doy cuenta que una violación es la imposición de la voluntad de otro infligida sin el permiso de ella. Es algo más que el acto sexual en sí mismo. Es ser víctima de otro. Hay toda clase de violaciones: emocionales, espirituales y físicas. Y existen muchas maneras de ser víctima de ellas. El abuso es un uso anormal. Es terrible darle mal uso o abusar de alguien.

LA CULPA DE LA VÍCTIMA

Muchas mujeres se sienten culpables por cosas sobre las que no han tenido ningún control. Se sienten culpables de ser víctimas. Frecuentemente, su intención original había sido ayudar a alguien, pero durante el proceso resultaron dañadas. Tamar debe haber sido una de ellas.

Tamar era la hija del rey, y era virgen. Era una "niña buena". Ella no había hecho nada inmoral. Es asombroso que su propio hermano estuviese tan embargado de deseo para haber ido tan lejos para destruir a su hermana. Él creyó estar enamorado, pero no era amor, era lujuria. La deseaba tanto que hasta había perdido el apetito por los alimentos. Estaba visiblemente apasionado. El amor es una fuerza dadivosa, mientras que la lujuria es una compulsión egoísta centrada en la gratificación.

EL RETORCIDO AMNÓN

Es atemorizante pensar en las noches que Amnón maquinó el complot para destruir a Tamar. La intensidad de su pasión por ella era pasmosa. Tan era así, que hasta su padre y su primo se dieron cuenta que algo había cambiado su conducta. Estaba perdidamente apasionado por ella.

Amnón nos pinta cuánto el enemigo quiere violar a los hijos de Dios. Él está planeando tu destruccion. Él te mira con ojos perversos. Él tiene gran pasión y perseverancia. Por eso Jesús le dijo a Pedro: "Satanás os ha *pedido* para zarandearos como a trigo; pero yo he rogado por ti" (Lucas 22:31-32). Satanás desea los hijos de Dios. Él te desea. Él te desea con pasión animal. Él espera la ocasión para atacar. Sumado a ello, a él le encanta usar a la gente para que sienta la misma clase de deseos lascivos los unos por los otros.

El deseo es una fuerza motivadora. Yo puedo hacerte hacer cosas que tú nunca hubieses pensado que eras capaz de hacer. La lujuria puede llevar a un hombre a romper su compromiso consigo mismo. Puede hacer que la gente vaya detrás de cosas que nunca creyó que buscaría.

Como Pedro, puede que hayas pasado épocas terribles, pero Jesús intercede por ti. No importa cuantas luchas tenga que enfrentar una mujer, la confianza se encuentra en el ministerio de nuestro Sumo Sacerdote. Él ora por nosotros. La fe viene cuando reconoces que no puedes ayudarte a ti misma. Solo la confianza en Cristo te puede sacar de allí. Muchas han sufrido terriblemente, pero Cristo da la fuerza para vencer los ataques de Satanás, los humanos y la lujuria egoísta.

DEJA QUE CRISTO VAYA A LOS LUGARES OSCUROS DE TU VIDA

Con frecuencia, los efectos residuales de haber sido violada duran varios años. Algunas nunca encuentran liberación porque no dejan que Cristo entre en los lugares oscuros de sus vidas. Jesús ha prometido liberarte de toda maldición del pasado. Si tú has sido violada, Él te puede sanar totalmente. Él quiere que la persona completa esté bien en cuerpo, emociones y espíritu. Él te librará de todas las consecuencias del pasado. Tal vez el incidente haya acabado, pero quedan los daños ocasionados. Deja que Él se ocupe de las incapacidades que hayan quedado en tu vida.

MANIPULACIÓN DE LA MATERNIDAD

Una de las cosas que hace más vulnerables a las mujeres a diferentes tipos de maltratos y manipulaciones es su instinto maternal. Los hombres malos, frecuentemente capitalizan esta tendencia para lograr sus propósitos con las mujeres. A las madres les gusta cuidar de los indefensos bebés. Parecería que cuanto más indefenso se muestre un hombre, más maternalmente puede comportarse la mujer. Las mujeres son nutritivas por naturaleza, ayudando a la gente necesitada ya sea con amor o fortaleciendo su interior. Pero muchas veces también, este saludable deseo es aprovechado por aquellos que quieren satisfacer su propia lascivia. En tu vida debe operar el don de discernimiento. Hay muchos hombres maravillosos. Pero te advierto de Amnón. Él anda por ahi, y es peligroso.

DOS CLASES DE VIOLACIÓN

El número de casos de violencia entre parejas y matrimonios está creciendo de manera alarmante. La incidencia de violaciones está alcanzando proporciones epidémicas. Y gran número de muertes se están produciendo entre personas íntimamente relacionadas. Maridos y esposas, novias y novios, se están matando los unos a los otros. Muchas mujeres han recurrido a la muerte para escapar de los malostratos del marido. Es importante que no permitas que la soledad te lleve a meterte en la cama de Amnón. Hay otra forma de abuso, más perspicaz aún. Hay hombres coercitivos que inducen a una mujer a tener relaciones sexuales diciendo que las aman. ¡La decepción es una violación emocional! Es terrible el sentimiento de saberse usada. Ir en busca de amor por todos los sitios equivocados, lleva a sentirse usada.

El engañador puede prometer constantemente que va a dejar a su esposa por su amante. La amante se agarra de esa promesa, pero nunca se hace realidad. Él da toda clase de excusas para aprovecharse de ella. Y ella, debido a su vulnerabilidad, lo sigue a ciegas hasta que la relación ha llegado tan lejos que está atrapada.

Los hombres que tienen relaciones sexuales con mujeres con quienes no tienen ningún compromiso son tan culpables de ultraje como un violador. Puede que la mujer le haya dado su cuerpo a un hombre así, pero lo hizo basada en ciertas expectativas. Cuando alguien usa a otra persona sexualmente, guiándola mal, es como si la violase físicamente. El abuso es más tenue, pero obtiene los mismos resultados. Ambos, el abusador y la víctima están metidos en un infierno. Puede pasar cualquier cosa cuando la víctima ya está saturada.

SUFRIENDO DE POBRE AUTOESTIMA

Algunas mujeres sufren por tener una pobre autoestima. Son víctimas y ni siquiera lo saben. Tal vez esa seas tú. ¿Crees que es tu culpa cuando algo sale mal? No es tu culpa si has sido maltratada de esta forma. Pero, sí es tu culpa si no dejas que la Palabra de Dios detenga el pecado y la debilidad en tu vida. Es hora de romper con cualquier relación impura. ¡Hazlo ahora!

Cuando Tamar llegó a ese antiguo dormitorio israelí, su hermano se aprovechó de sus instintos maternales. Él le dijo que necesitaba ayuda, buscando congraciarse con ella. Entonces, cuando ella cedió a su pedido de ayuda, él violentamente la violó. Aunque las circunstancias puedan ser diferentes, hoy en día está pasando lo mismo.

AMNÓN ESTÁ ENTRE NOSOTROS

La clase de acto violento perpetrado por Amnón aquella noche fue algo más que un ultraje a la jovencita. Él ofendió a Dios y a la sociedad cometiendo incesto. Hay personas que cometen incesto y van a la iglesia. Eso sigue pasando hoy en día, pero Dios está diciendo *¡Ya basta!*

Algunas han sido maltratadas, usadas y ultrajadas. Algunas juegan un rol en su desgracia. Están aquellas que viven en temor y dolor debido a la relación inmoral que se desarrolla en sus hogares. Si tú conoces este tipo de dolor, el Señor quiere sanarte. Aquellas que tienen una desesperada necesidad de atención masculina, generalmente son quienes vienen de alguna situación donde ha habido ausencia de modelos de figuras masculinas positivas en el hogar. Tal vez no hayas recibido mucho afecto en tu niñez. Por lo tanto, te resulta fácil ser condescendiente y hacer cualquier cosa para conseguir la aceptación y el amor masculino.

¡EL SEÑOR ESTÁ LLAMANDO!

El Señor está llamando a los heridos. Él llenará ese vacío en tu vida. Él quiere ser el padre que nunca tuviste y que enmendará en tu corazón la imagen positiva del modelo masculino. Por medio de su Espíritu, Él quiere tomarte en sus brazos y nutrirte. Millones han ansiado recibir un abrazo cariñoso de sus padres sin haberlo recibido jamás. Hay una forma de llenar ese vacío interior. Es por medio de la relación con Dios.

Hombres, Dios nos está sanando a nosotros para que podamos darnos cuenta que una mujer que no es nuestra esposa, debe ser tratada como nuestra hermana. Las mujeres deben saber que pueden tener relaciones platónicas con los hombres. Un amor entre hermanos y hermanas no incluye intimidad sexual. No incluye la gratificación personal.

Hay un sitio en el corazón de muchas mujeres para una íntima y platónica relación. Los hermanos mayores tienden a proteger a sus hermanas menores. Están atentos a posibles trampas que haya en su camino. Pero las mujeres víctimas de violaciones, tienen ideas confusas acerca de las relaciones y puede que no entiendan lo que significa una relación platónica sana con el sexo opuesto. Esta confusión proviene de su pasado. Una señora dijo que ella no podía confiar en un hombre que no se acostara con ella. Obviamente, cuenta en su haber con una larga lista de malos tratos, lo que la lleva a tener esa visión tan pobre de las relaciones interpersonales.

LOS "HOMBRES" NO SON EL ENEMIGO

La sociedad, generalmente, pone la valía de una mujer en su sensualidad. Nada está más lejos de la verdad. La autoestima no se gana por el comportamiento en la cama. La sociedad sugiere que todo lo que quiere el hombre es sexo. Aunque la inclinación sexual del hombre es muy fuerte, todos los hombres no son como Amnón.

Los hombres, en su totalidad, no son el enemigo. No podemos usar a Amnón como la base para evaluar a todos los hombres. Por lo tanto, no permitas que una mala experiencia arruine tu futuro. Dibuja una línea de demarcación y díte a ti misma: ¡eso era antes... y esto es ahora!

LA IGLESIA ES EL PECHO DE CEDRO DE DIOS

En el Cantar de los cantares de Salomón se ve una progresión en la relación entre el autor y su esposa. Primero era su hermana. Luego fue su esposa. También escribió sobre la protección a la hermanita. Hay muchas nuevas creyentes en las iglesias que debieran ser tratadas como hermanitas menores.

Salomón dice: *"...la guarneceremos con tablas de cedro"* (Cantar de los cantares 8:9). La iglesia es el pecho de cedro de Dios.

El pueblo de Dios debe nutrirse y protegerse. No importa cuán intempestiva haya sido nuestra vida pasada. Dios se preocupa hasta de una violación. Dale el privilegio de hacer lo mismo que Absalón hizo por Tamar. Él la llevó a su casa. La consoló, le dio un lugar para que habitase.

"El que habita al abrigo del Altísimo morará bajo la sombra del Omnipotente".

Salmo 91:1

Tamar dejó en la puerta de Amnón un fragmentado y estrujado pétalo de rosa. Sus sueños se habían hecho añicos. Había sido violada su confianza. Había sido ultrajada su virginidad. Pero Absalón la llevó a sus dominios. ¿Sabes que Dios tiene cuidados intensivos? Él te tomará en sus brazos. Su amor fluye en las vidas quebrantadas por todo el país. No pienses, ni por un momento, que a nadie le importa. A Dios le importa, y la iglesia está aprendiendo a ser un canal de su preocupación. Por lo menos, estamos en su escuela de amor. Jesús dijo: *"en esto conocerán todos que sois mis discípulos, si tuviereis amor los unos con los otros"* (Juan 13:35). El amor abraza la totalidad de la otra persona.

CICATRICES DEL PASADO

Es imposible amar a alguien completa y eficazmente sin estar incluido en la historia de la otra persona. Nuestra historia nos hace como somos. Las imágenes, cicatrices y triunfos que vivimos nos han convertido en la persona que somos. Nunca sabremos quién es una persona hasta que no entendamos dónde ha estado. El secreto de ser transformados de una víctima vulnerable en una amante persona victoriosa se halla en la habilidad de abrirle tu pasado a alguien lo suficientemente responsable como para compartir tus debilidades y dolores. *"Sobrellevad los unos las cargas de los otros, y cumplid así la ley de Cristo"* escribe Pablo en Gálatas 6:2. No tienes por qué seguir reviviéndolo. Puedes soltarlo.

DA EL PRIMER PASO

No hay mejor manera de dar el primer paso que buscar un consejero cristiano con quien compartir tu pasado. Sal del escondite. Por supuesto, debes tomar alguna precaución. A nadie le gusta sacar a relucir su vida personal ante cualquiera y en cualquier lugar. Pero, si buscas la guía de Dios y la ayuda de un líder confiable encontrarás a alguien que te ayude a elaborar el dolor y el sufrimiento ocasionado en el pasado.

La iglesia es un cuerpo. Nadie opera independientemente. Todos estamos en este camino juntos y podemos edificarnos los unos a los otros. Carguemos con algunas de las cargas que agobian a nuestras hermanas.

Tamar sufrió brutalmente, pero sobrevivió. Hay esperanza para la víctima. Si tú eres una víctima no te sientas débil si tienes a Jesucristo. Su poder es suficiente para hacer los cambios que te darán la libertad. Él te está invitando, por la obra del Espíritu Santo, a que seas libre.

CAPÍTULO CINCO

Yendo hacia la renovación

Si tú eres una mujer actual y no estás aprendiendo a hacer guerra espiritual, estás en un problema. Puede que el enemigo se esté aprovechando de ti.

mnón era malo. Él violó brutalmente a su hermana Tamar. Él destruyó su futuro y su destino. Él le arrebató la autoestima. Él vejó su integridad. Aplastó su feminidad como una débil ramita bajo su pie. Le mató el carácter. Ella fue a su dormitorio siendo una virgen con futuro, y cuando todo hubo terminado, no era más que un montoncito de carne sangrante, temblorosa y sufriente.

Esta es una de las historias más tristes de la Biblia. Revela lo que el ser humano es capaz de hacerle a su prójimo al estar a solas y no tener a Dios. Cuando Amnón y Tamar se quedaron solos, él la asesinó. El cuerpo de Tamar sobrevivió, pero su feminidad quedó destruida. Ella sintió que jamás sería la mujer que hubiese sido a causa de lo ocurrido.

¿A ti te ha pasado algo que te cambió para siempre? ¿Algo por lo que hayas pasado que, como la palmera, hayas sobrevivido? ¿Algo que tú sabes que cambió las cosas para siempre?

Quizás, desde ese momento, hayas andado "encorvada" y no hayas podido "enderezarte de ninguna manera". Gritas. Cantas. Saltas. Pero, cuando nadie te ve, cuando la multitud se ha ido y se apagan las luces, sigues siendo ese montoncito de carne sangrante, sufriente y temblorosa por haber sido maltratada y andas encorvada y lisiada.

Puede que estés en la iglesia, pero te encuentras en problemas. Te mueves entre la gente, te ríes y puede que hasta la entretengas. Es agradable estar contigo. Pero la gente no sabe nada. Tú no hablas de lo que te ha pasado en la vida.

La Biblia dice que Tamar tuvo un problema. Lo peor fue que después de haber sido violada por Amnón, él no la quiso. Él le había trastornado la vida y arruinado aquello de lo cual ella se sentía orgullosa. Él mató su futuro y estropeó sus posibilidades. Destruyó su integridad y su autoestima. Le cambió la vida por completo. Y después de ello, ni siquiera la quiso ver más. Todo lo que Tamar pudo decir fue: "Mayor mal es este de arrojarme, que el que me has hecho" o "¡el que me hayas violado fue terrible pero que me repudies es peor!" (2 Samuel 13:16).

Cuando la mujer se siente no querida, su sentimiento de autoestima y valía se rompe. Algunas de ustedes se han divorciado, han sufrido alguna trágica relación de adulterio y se han sentido no queridas. No pueden sobreponerse a ello. No pueden pegar un salto por encima de ese muro. Ha lastimado algo dentro que ha cambiado la manera de relacionarse con los demás para siempre.

Cuando Amnón rechazó a Tamar después de haberla violado, ella le rogó: "No me eches". Ella estaba luchando por la última fibra de su femineidad. Pero Amnón llamó a un criado y le ordenó: "Échame a ésta fuera de aquí". La Biblia dice que él la aborreció con mayor intensidad que el amor que había sentido por ella antes de la violación (2 Samuel 13:15).

AMNÓN NO TE AMA

Dios sabe que el Amnón que hay en tu vida no te ama. Él abusa de ti. El siervo tomó a Tamar, abrió la puerta y echó fuera a la víctima. Y mientras ella yacía tirada en el suelo del otro lado de la puerta, sin tener dónde ir, él le dijo a su siervo: "Cierra la puerta con llave".

¿Qué haces cuando te encuentras en una encrucijada, ni adentro ni afuera? ¿Cuando te han dejado fuera, destruida y aturdida, temblando y asustada? La Biblia dice que Tamar gritó.

¿Qué haces tú cuando no sabes qué hacer? Cuando te invade el remordimiento, el dolor, las pesadillas y te sientes incapaz de encontrar alivio? Tamar se sentó en el suelo y gritó.

Tamar tenía un vestido de muchos colores. Era un símbolo de su virginidad y de su futuro. Ella iba a ofrecerle su virginidad a su marido algún día. Rompió el vestido. Al romperlo, era como si dijese "no tengo futuro. No sólo tomó mi cuerpo sino que me robó el futuro. Se llevó mi estima y mi valía".

Muchas de ustedes han sufrido robo y violación ya sea física o emocionalmente. Y han sobrevivido. Pero han dejado un sustancial grado de autoestima en la cama de Amnón. ¿Han perdido el mapa de ruta que las lleva al punto en que se encontraban antes?

UN LLAMADO EN EL ESPÍRITU

Hay un llamado en el Espíritu para las mujeres heridas. El Señor dice: "Te quiero". No importa cuántos hombres como Amnón te hayan dicho "no te quiero". Dios te está diciendo "yo te quiero. Te he visto encorvada. He visto las consecuencias de lo ocurrido. Te he visto en tus peores momentos. Y aun así, te quiero". Dios no ha cambiado de idea. Él te ama con amor eterno.

Cuando Jesús se encuentra con la mujer enferma de Lucas 13, Él la llama. Es probable que hubiese muchas otras finas mujeres presentes aquel día pero el Señor no las llamó a ellas. Caminó en medio de todas ellas hasta llegar al fondo y encontrar a la mujer encorvada. Y cuando se dirigió a aquella sufriente mujer con un pasado, permitió que el Espíritu hiciese un llamado a todas aquellas con su autoestima destrozada debido a tantas posibles penosas circunstancias.

La mujer enferma puede que haya pensado: "Él me quiere. Él me quiere. Estoy desecha y quebrantada, pero Él me quiere. He pasado por penalidades, he sufrido este trauma, pero aun así, Él me quiere". Tal vez, ella había pensado que nadie la volvería a querer. Pero Jesús la quería. Él tenía un plan.

Puede que ella supiese que llevaría un tiempo volver a restaurar su vida. Tendría que superar varias cosas. Ella era discapacitada. Seguramente estaría acomplejada por sus inseguridades. Pero Jesús la había llamado para tocarla.

VUELVE A CASA

Si tú puedes identificarte con los sentimientos de esta mujer enferma, entonces, sabe que Jesús está esperando por ti y que Él te quiere. Él ve tus luchas y Él conoce perfectamente tu sufrimiento. Él sabe lo que te ha pasado dieciocho años atrás, diez años atrás, o la semana pasada. Él espera pacientemente por ti, como el padre que espera al hijo pródigo. Jesús le dice a la mujer herida y lisiada: "Te quiero lo suficiente como para esperar hasta que pegues la vuelta de regreso a casa".

Ahora Dios te dice: "Voy a liberarte y sanarte. Voy a renovarte y aliviar tu carga. Voy a decirte quién eres realmente. Estoy listo para revelarte el motivo por el cual has tenido que pasar por esto para llegar a lo que has llegado".

Y Dios te dice: "Ahora te voy a decir un secreto, algo entre tú y yo que nadie más sabe. Algo que Amnón no sabía, tu novio no sabía y tu primer marido no sabía. Algo que ni tu padre, ni tu tío, ni tu hermano o quienquiera que haya abusado de ti tenía conocimiento al respecto. Acércate para que te lo diga. Tú eres hija de un Rey.

Tu Padre es el Rey".

¡ERES UNA PRINCESA!

Cuando la mujer enferma se acercó a Jesús, Él proclamó su libertad mientras ella se mantenía de pie, erecta por primera vez en dieciocho años. Cuando tú te acercas a Jesús, Él hará que te pares derecha. Sabrás cuán importante eres para Él. Parte de tu recuperación será aprender cómo ponerte en pie y vivir en el "ahora" de su vida, en vez de en el "antes" de la tuya. Eso fue antes, pero esto es ahora.

Les declaro a las mujeres maltratadas: hay sanidad ministrando a su espíritu en este mismo momento. Te doy palabra de vida. Te doy palabra de liberación. Te envío palabra de restauración. Todo en el poderoso nombre de Jesús, en el invencible, todopoderoso, eterno nombre de Jesús. Declaro victoria para ti. Recuperarás la pérdida sufrida en manos de quien te haya maltratado. Recuperarás todo lo que te haya robado. Jesús sanará esa ramita partida. Él reedificará tu autoestima, el respeto por ti misma y tu integridad.

DALE A ÉL TODOS TUS SECRETOS

Todo lo que tienes que hacer es permitir que su poder y su unción toque tus zonas heridas. Él se encargará de tus secretos. Él toca las zonas donde has sido asesinada. Él sabe la mujer que podrías haber sido, la mujer que hubieses sido y la mujer que puedes ser. Dios la está sanando y restaurando en ti mientras te acercas a Él.

El enemigo quiso cambiar tu destino por medio de una serie de circunstancias pero Dios restaurará tu integridad como si aquello jamás hubiese pasado. La mujer victoriosa que está encerrada saldrá para ir al sitio que le corresponde. Él la está liberando. Él está soltando tus ataduras. Él la está restaurando. Él la está construyendo nuevamente. Él la está sacando fuera. Él la está liberando por el poder de su Espíritu...*"no con ejército, ni con fuerza, sino con mi Espíritu, ha dicho Jehová de los ejércitos"* (Zacarías 4:6).

LA UNCIÓN DE DIOS TE ESTÁ ALCANZANDO

La unción del Dios viviente te está alcanzando. Te está llamando para liberarte. Cuando tú te acercas a Él y permites que el Espíritu Santo se abra paso, su unción se manifiesta para liberarte. Los demonios temblarán. Satanás quiere tenerte en la puerta y no dejarte entrar. Te quiere tener tendida allí. Pero ahora su poder queda sin efecto en tu vida.

Tamar supo lo que es sentirse abandonada. Ella entendió que había sido echada. Pero, la Biblia dice que "Tamar se quedó desconsolada en casa de Absalón".

También tú has estado tirada en la puerta. Quizás no hayas tenido ningún lugar donde ir. Tal vez hayas estado con un pie adentro y otro afuera. Has estado quebrantada, enloquecida y perturbada. Pero Dios envió a Absalón a restaurar a su hermana.

En este instante, Absalón representa el propósito de un real ministerio. Gracias a Dios por la iglesia. Es el sitio al cual puedes ir quebrantada y disgustada para ser sanada y liberada en el nombre de Jesús.

Jesús dijo: *"El Espíritu del Señor está sobre mí, por cuanto me ha ungido para dar buenas nuevas a los pobres; me ha enviado a sanar a los quebrantados de corazón; a pregonar libertad a los cautivos, y vista a los ciegos; a poner en libertad a los oprimidos"* (Lucas 4:18).

Puede que hayas pensado que jamás volverías a regocijarte. ¡Pero Dios declara que puedes ser libre en Él ahora mismo! El gozo que Él otorga puede ser restaurado a tu alma. Él se identifica con tu dolor y sufrimiento. Él sabe lo que es sufrir en las manos abusivas de otros. Pero aun así Él declara gozo y fortaleza. Él te dará manto de alegría en lugar de espíritu angustiado. (Isaías 61:3).

MANTÉN TUS MANOS Y TU CABEZA EN ALTO

Una vez que te hayas acercado a Él, puedes levantar tus manos en alabanza. No importa cuánto hayas sufrido, puedes levantar tu cabeza. Sin tomar en cuenta quién te haya hecho sufrir ¡levanta la cabeza! Olvida cuántas veces te has casado. Haz a un lado a quienes te hayan maltratado. Puede que hayas sido lesbiana. Puede que hayas sido adicta a las drogas. No importa dónde hayas estado. Puede que te hayan violado. No puedes cambiar las cosas pero sí puedes cambiar el rumbo hacia donde te diriges.

"Alzad, oh puertas, vuestras cabezas, y alzaos vosotras, puertas eternas, y entrará el Rey de gloria. ¿Quién es este Rey de gloria? Jehová de los ejércitos, Él es el Rey de la gloria".

Salmo 24:9-10

Él te restituirá lo que devoró la oruga y la langosta (Joel 2:25). Él dice: "puedes que hayas luchado con la culpabilidad. Puede que hayas oído bebés llorando en tu espíritu. Te sientes muy sucia. Te has hecho abortos. Has sido víctima de abusos y malos tratos. El diablo te sigue recordando los fracasos del pasado. Pero Dios te dice:

"Venid luego, dice Jehová y estemos a cuenta: si vuestros pecados fueren como la grana, como la nieve serán emblanquecidos; si fueren rojos como el carmesí, vendrán a ser como blanca lana".

Isaías 1:18

Toda mi vida he sentido una gran compasión hacia la gente que sufre. Cuando veía a otras personas poniéndoles el pie encima, yo pensaba en tener un ministerio de misericordia. Tal vez se debiera a que yo tenía mi propio dolor. Cuando tú has sufrido, te identificas con el dolor del prójimo. Por lo tanto, el Señor me puso en un ministerio que es un canal para gente sufriente. A veces, cuando ministro, tengo que contener las lágrimas. A veces, alcanzo a oír el llanto de angustia en medio de la congregación.

¡ENTRA A LA NUEVA VIDA!

Como Tamar, también tú eres una sobreviviente. Por lo tanto ¡puedes celebrarlo! En vez de languidecer angustiada por tus tragedias, puedes celebrar tu victoria y darle gracias a Dios. Párate sobre tu adversidad y encamínate hacia la nueva vida. Es como salir de la tormenta hacia el sol radiante. Párate ahora mismo.

Dios me ha bendecido con dos varones y dos mujeres. Como padre, he descubierto que tengo el ministerio de los abrazos. Cuando pasa algo y yo, realmente, no puedo arreglarlo, solamente los abrazo. No puedo cambiar el trato que le hayan dado otras personas. No puedo cambiar lo que haya pasado en la escuela. No puedo hacer que a los maestros les gusten mis hijos. Y no puedo quitarles los insultos recibidos. ¡Pero sí puedo abrazarlos!

La iglesia necesita desarrollar el ministerio de abrazos. Creo que las mejores enfermeras son quienes han tenido paciencia. Sienten compasión por las víctimas. Si hay alguien que comprende las situaciones difíciles por las que atraviesan las mujeres, tienen que ser las mujeres. Y si alguien entiende las necesidades de los enfermos, tiene que ser la iglesia. El toque del Maestro nos da libertad. El contacto con un compañero de peregrinaje nos da a entender que no estamos solos en nuestras situaciones difíciles.

RECIBE TU LIBERTAD AHORA

El Espíritu Santo está llamando a las mujeres quebrantadas y enfermas a venir a Jesús. Él restaurará y liberará. ¿Cómo venimos a Jesús? Venimos a su cuerpo, la iglesia. Es en la iglesia donde podemos escuchar la Palabra de Dios. La iglesia nos fortalece y alimenta. La iglesia es el sitio donde compartimos las cargas que nos abruman permitiendo que los demás nos ayuden. El Espíritu llama; la persona abrumada no tiene más que obedecer al llamado.

Hay tres tiempos en la fe. Cuando Lázaro murió, Marta, su hermana, dijo: "Señor, si hubieses estado aquí mi hermano no habría muerto" Esta es una fe histórica, es regresiva. Cuando Jesús le respondió: "Tu hermano resucitará" Marta le contestó: "Yo sé que resucitará en el día postrero". Esta fe está en el futuro. Es progresiva. Pero Marta también sabía que Jesús actuaba en el presente cuando le dijo: "Mas también *sé ahora* que todo lo que pidas a Dios, Dios te lo dará" (Ver Juan 11:21-27).

Me siento como Marta. Ahora bien, a pesar de todo lo que hayas sufrido, sé que Dios tiene el poder de levantarte de nuevo. Este es el tiempo presente de la fe. Encamínate hacia la nueva vida. ¡Ahora mismo!

CAPÍTULO SEIS

Los orígenes de la femineidad

La Biblia llama soltera a la mujer virgen porque Dios es de la opinión que si no le perteneces a un hombre, le perteneces estrictamente a Él.

asi todos los hogares tienen electricidad. De las paredes salen unos receptáculos por donde se libera la corriente eléctrica. Pero, para aprovechar el poder, hay que enchufar algo en esos rectangulitos. Ese receptáculo es la hembra y el enchufe es el macho. Las mujeres están construidas como receptáculos ya que son receptoras en cada área de su vida. Los hombres están hechos para dar. Fueron hechos para dar física, sexual y emocionalmente y para proveer a otros en la vida.

La mujer está hecha, o creada del hombre para ser su ayuda. Ella fue creada para ayudar al hombre a lograr su tarea. En su unión, ambos encuentran que se complementan. En otras palabras, una sierra eléctrica tiene gran poder para cortar, pero es ineficaz hasta que no se la enchufa. El receptáculo permite que la sierra logre su propósito. Sin él, la sierra, aunque sea muy potente, no funciona.

UNA CIERTA VULNERABILIDAD

Pero hay cierta vulnerabilidad dentro del receptáculo debido a las distintas clases de enchufes que se le han conectado. Esos receptáculos, como las mujeres, son abiertos. Están abiertos por naturaleza y construcción. Los hombres son cerrados. Por lo tanto, las mujeres deben ser muy cuidadosas con lo que se dejan enchufar para que les tome la energía. Los enchufes equivocados pueden buscar tu ayuda y drenar tu poder.

Debido a que Dios conoce tu vulnerabilidad, Él determinó que aquellos que se van a enchufar en la sexualidad de la mujer tengan un compromiso. Jamás ha sido la intención de Dios que las parejas tengan relaciones sexuales pasajeras. Su diseño incluye siempre el compromiso del pacto. Por lo tanto, Él estableció que un hombre que tenga relaciones sexuales con una mujer tiene que estar comprometido con ella de por vida. Nada menos que este compromiso alcanza su estándar.

DIOS QUIERE QUE ESTÉS CUBIERTA

Dios quiere que estés protegida como está tapada la salida de electricidad para que nadie manosee el pertinente propósito para el cual has sido creada. La mujer casada está cubierta por su marido. La mujer soltera está cubierta por su castidad y moralidad. Es peligroso andar descubierta.

Originalmente, Dios creó la humanidad buena y perfecta.

"Entonces dijo Dios: Hagamos al hombre a nuestra imagen, conforme a nuestra semejanza; y señoree en los peces del mar, en las aves de los cielos, en las bestias, en toda la tierra y en todo animal que se arrastra sobre la tierra".

Génesis 1:26

Dios colocó a Adán en el jardín que preparó para él con una sola regla: Al hombre no se le permitía comer del árbol del conocimiento del bien y del mal. Dios quería que el ser humano confiara en Él para tomar las decisiones morales. La historia cuenta las consecuencias sufridas como consecuencia del intento del hombre por tomar sus propias decisiones morales después de la caída. La historia es triste.

A pesar que Dios le hizo a Adán un hermoso lugar para vivir, el hombre estaba incompleto. Necesitaba una mujer. Pero, ten presente que la necesitaba para cumplir su *propósito* no su *persona*. Por lo tanto, si tú no estás completa como persona, el matrimonio no te ayudará.

"Entonces Jehová Dios hizo caer sueño profundo sobre Adán, y mientras éste dormía, tomó una de sus costillas, y cerró la carne en su lugar. Y de la costilla que Jehová Dios tomó del hombre, hizo una mujer y la trajo al hombre".

Génesis 2:21-22

En Génesis 3 vemos que Eva dejó que Satanás se aprovechara de ella permitiendo que enchufara en ella el deseo de ver, gustar y adquirir sabiduría. El enemigo se aprovechó de su debilidad.

> *"Y el hombre dijo: La mujer que me diste por compañera me dio del árbol, y yo comí".*

Génesis 3:12

Eva le prestó atención a alguien más.

> *"Entonces Jehová Dios dijo a la mujer: ¿Qué es lo que has hecho? Y dijo la mujer: La serpiente me engañó y comí".*

Génesis 3:13

El enojo de Adán se nota en Génesis 3:12: "¡la mujer que tú me diste!" a lo que la mujer contesta: "la serpiente me engañó y comí".

MUCHO CUIDADO CON QUIEN TE DESCUBRE

Tienes que tener el cuidado de saber muy bien a quien le permites que te descubra, porque, como con Eva, te pueden llevar a la destrucción completa. Fíjate lo que hizo Dios a continuación:

> *"Y Jehová Dios dijo a la serpiente: Por cuanto ésto hiciste, maldita serás entre todas las bestias y entre todos los animales del campo; sobre tu pecho andarás y polvo comerás todos los días de tu vida. Y pondré enemistad entre ti y la mujer, y entre tu simiente y la simiente suya, ésta te herirá en la cabeza, y tú la herirás en el calcañar".*

Génesis 3:14-15

UNA ENEMISTAD ESPECIAL

Hay una enemistad especial que se ha establecido entre la femineidad y el enemigo. Existe un conflicto especial que el enemigo busca tener contigo. Es por ello que debes hacer guerra espiritual. Debes hacerlo debido a tu vulnerabilidad en ciertas áreas, y por enemistad que está planteada entre Satanás y tú. Por lo tanto, ponte en guardia.

ESTO ES GUERRA

Las mujeres tienden a orar más que los hombres una vez que se comprometen. Pero si tú no has aprendido aún a hacer guerra espiritual, estás en problemas. Puede que el enemigo se esté aprovechando de ti. Él es atraído hacia ti porque sabe que estás hecha como un receptáculo para ayudar a alguien a lograr su visión.

Si el enemigo puede hacer que lo ayudes a lograr su cometido, tendrás graves problemas. ¿Por qué? Porque Dios dice: *"Y pondré enemistad entre ti y la mujer y entre tu simiente y la simiente suya" (Génesis 3:15). Ahora bien, Dios no dice entre tu simiente y su simiente. Él dice "entre ti y la mujer". Detente aquí y piensa. Existe una lucha especial entre ti y el diablo. ¿Quiénes son las mayores víctimas de violaciones en este país? ¿Quiénes son las mayores víctimas de abuso infantil? ¿Quiénes son las víctimas de la discriminación sexual en el campo laboral? ¿Y quiénes tienen el mayor problema para estar al lado, en unidad con el otro, en colaboración? Satanás tiene una guerra especial contigo.*

Satanás está atacando continuamente la femineidad. La población femenina crece masivamente a lo largo del país. Isaías 4:1 dice que llegará el tiempo en que habrá siete mujeres por cada hombre. Conforme a las últimas estadísticas, estamos viviendo en ese tiempo en este momento. Allí donde tienes mayor necesidad de ser suplida, está creciendo la enemistad entre la mujer y el enemigo.

¡ENTRÉNATE PARA LA GUERRA!

Si las mujeres de Dios no saben cómo comenzar a orar y hacer una guerra espiritual efectiva, no discernirán lo que se les enchufa. Quizás te hayas vuelto completamente vulnerable a los cambios de humor, comportamiento y disposición. Quizás estés haciendo cosas y no sabes por qué. Fíjate si no tienes algo enchufado. Si tiendes a racionalizar: "Estoy de mal humor. No sé lo que me pasa. Soy mala. Soy ruda", no lo creas; seguramente se te ha enchufado algo.

> *"A la mujer dijo: Multiplicaré en gran manera los dolores en tus preñeces; con dolor darás a luz los hijos; y tu deseo será para tu marido, y él se enseñoreará de ti".*

Génesis 3:16

Dios dice que los nacimientos serán dolorosos. Todo lo que hagas será con dolor. Si no te da dolor, probablemente no valga la pena.

Si vas a dar a luz y no estoy hablando de bebés solamente, me refiero a dar a luz visiones y propósitos, lo harás con dolor y sufrimiento. Cualquier cosa que vayas a dar a luz, ya sea en tu carrera, en tu matrimonio, o en tu vida, o si vas a desarrollar algo en tu carácter siendo una mujer que da fruto, será con dolor. Vendrá con dolor. Y, te fortalecerás por medio del dolor.

EL SUFRIMIENTO NO ES EL OBJETIVO, ES SÓLO EL CANAL

El dolor no es el objetivo; es simplemente el canal por donde viene el objetivo. Muchas de ustedes están confundiendo el dolor por el bebé, en vez del canal. En ese caso, todo lo que tienes es dolor. Debes tener un bebé por cada sufrimiento. Con ello quiero decir que por cada sufrimiento, por cada gemido de dolor en tu espíritu, tiene que haber algo que lo represente.

Por lo tanto, no permitas que el enemigo te produzca dolor sin ninguna simiente. Permanece alerta para que cada vez que sufras, sepas que es una señal de Dios tratando de hacer salir algo por medio tuyo.

LAS MUJERES LE DAN ENTRADA LEGAL A LA VIDA

Las mujeres son productoras. Ustedes son por quienes pasa la vida. Cada niño que entra a este mundo lo hace por medio de ustedes.

Hasta Jesucristo tuvo que venir por medio de una mujer para obtener entrada legal a este mundo. Era un requisito que Él lo hiciera así. Por lo tanto, ustedes, mujeres, son el canal y la expresión de la bendición de Dios. Si hay virtud alguna, alguna alabanza, alguna victoria, alguna liberación, tiene que venir por medio vuestro.

Pero Satanás también quiere usarlas para entrar legalmente a este mundo. Él quiere usarlas para entrar en vuestra familia. Es por ello que él destruye la raza humana desde la primer familia. Él sabe que tú eres la entrada de todas las cosas, y que eres la puerta a la vida. Sé cuidadosa con lo que te dejas enchufar y dejas salir de ti. Cierra las puertas a las plantaciones del enemigo. Y conoce bien que cuando vengan los dolores es porque estás por dar a luz.

¡Y darás a luz! Por eso sufres. Tu espíritu está señalándote que algo está por salir. No estés tan preocupada por el dolor que te olvides de pujar para que salga el bebé. Algunas veces estás pujando el dolor y no al bebé, y estás tan gorda con aquello que te produce dolor que no haces lo que produce fruto en tu vida.

Por lo tanto, cuando veas que se multiplica el dolor, entiéndelo como una señal de Dios que te está enviando algo. No te quedes en el dolor sin recibir los beneficios. Aguanta. Desecha el dolor y quédate con la promesa. Entiende que Dios te ha prometido algunas cosas que Él quiere que tengas. Ahora tienes que estar en la mesa haciendo el trabajo de parto hasta que sea el momento de estar con el Señor. Después de todo, el dolor se olvida cuando nace el bebé. ¿Qué es el dolor cuando lo comparas con el bebé? Algunas se habrán desecho del bebé. Eso sucede cuando engordas tanto de dolor que dejas la recompensa. Tu atención está centrada en el objeto equivocado. Puedes estar tan preocupada con lo mucho que sufres que te pierdes el gozo del dar a luz.

UN EJEMPLO DOLOROSO

¿No sería doloroso que una mujer tenga los dolores de parto, pase por todo el trabajo previo al nacimiento, vaya a la sala de parto y esté horas allí sufriendo para salir del hospital sin su bebé? Seguro que sí. Pero eso es exactamente lo que pasa cuando te preocupas tanto por lo que te hizo sufrir en el pasado. Tal vez te hayas ido dejando a tu bebé en el suelo.

Para cada lucha en tu vida, Dios logra algo en tu carácter y en tu espíritu. Entonces ¿por qué aferrarse al dolor y abandonar al niño cuando puedes agarrar al niño y abandonar el dolor? Nuevamente, te estás quedando con lo equivocado si te aferras al dolor del pasado. Suelta el dolor. El dolor no se va solo. Tienes que dejarlo ir. *Suelta* tu dolor. Permite que Dios alivie tu dolor. Él quiere separarte de todo lo que te haya afligido para que te quedes con el bebé, no con el problema.

CON DOLOR DARÁS A LUZ

Cuando Dios dice: *"con dolor darás a luz"* (Génesis 3:16) incluye todas las áreas de tu vida. Tu carácter, tu personalidad. Y es cierto en tu espíritu también así como en tus finanzas. ¡Den a luz, mujeres! Si va a venir a este mundo, tiene que nacer por medio vuestro! Si estás arruinada económicamente ¡da a luz! Si tienes necesidad de sanidad para tu cuerpo ¡da a luz! Comprende que debe nacer. No sucede accidentalmente.

GRITA SI ES NECESARIO ¡PERO PUJA!

Cuando la partera le dice a la mujer: ¡Puja!, el bebé no nacerá si la mujer no puja. Dios no permitirá que quedes atrapada en medio de una situación sin salida. Pero tienes que pujar mientras estás sufriendo los dolores del parto si intentas producir algo. Tengo entendido que cuando el dolor llega a su climax, ahí es cuando le indican a la parturienta que puje y no cuando el dolor decrece. Cuando el dolor llega al punto de resultar intolerable, ahí es cuando tienes que pujar. Cuando comienzas a pujar, a pesar del dolor, el dolor pasa a un segundo plano porque estás concentrada en el cambio y no en el problema. ¡Puja! No tienes tiempo para llorar. ¡Puja! No tienes tiempo para el suicidio. ¡Puja! Este no es el momento de rendirte. ¡Puja! Porque Dios está por cumplir una promesa.

Grita si es necesario y gime si tienes que hacerlo, pero sigue pujando porque Dios ha prometido que si algo va a venir a este mundo, tiene que hacerlo pasando por ti.

Ahora vamos a hablar del conflicto entre el dolor del pasado y el deseo futuro que perdura. Aquí está el conflicto. Dios dice:

> *"Con dolor darás a luz los hijos y tu deseo será para tu marido y él se enseñoreará de ti".*

Génesis 3:16

Mujer, en otras palabras, tendrás tanto dolor en dar a luz el hijo que si no hubiese un balance entre el dolor del pasado y el deseo futuro, dejarías de tener hijos. Por eso Dios dice: "Después del dolor, tu deseo será para tu marido". El dolor queda absorbido por el deseo.

EMBARAZADAS CON EL DESTINO

Las mujeres de la promesa deben navegar con el viento del Espíritu. Puede que el pasado duela y el dolor sea genuino. Pero tienes que aprender a estar en contacto con otra cosa que no sea tu dolor. Si no tienes deseo, no tendrás la tenacidad para resucitar. El deseo volverá. Después que pase el dolor, vendrá nuevamente el deseo porque es necesario el deseo para volver a producir.

CAPÍTULO SIETE

Mujer
con útero

*Hasta que tu
deseo por seguir
adelante no sea
mayor que
los recuerdos del
dolor pasado, no
tendrás el poder
para volver a crear.*

e estado al lado de mi esposa cuando ella daba a luz. He visto el dolor y el sufrimiento que ha tenido que soportar. Creo que de haber podido me hubiese matado en algunos momentos debido a lo intolerable del dolor. Pero el deseo la hizo continuar. No sólo que no se rindió. Resistió el dolor para que pudiese nacer la nueva vida. Una vez nacida la criatura, pronto se olvidó del sufrimiento.

Hasta que el deseo de seguir adelante no sea mayor que los recuerdos del dolor pasado, no tendrás el poder para volver a crear. Cuando el deseo vuelve a tu espíritu y vuelve a tener vida en ti es cuando se alivia el dolor.

DA A LUZ CON LA VISIÓN DE DIOS

Dios quiere darnos fortaleza para sobreponernos a los sufrimientos pasados para seguir adelante en nueva vida. Salomón escribió: *"Sin profecía el pueblo se desenfrena"* (Provervios 29:18). La visión es el deseo de seguir adelante. Hasta que no tengas una visión para seguir adelante, seguirás viviendo en los conflictos del ayer.

Dios te está llamando *hoy* pero el diablo quiere que vivas en el *ayer*. El diablo siempre te está diciendo lo que no puedes hacer. Su método es recordarte el pasado. Él quiere llamar tu atención hacia el pasado.

Dios quiere poner deseo en el espíritu de las mujeres quebrantadas. Pero no puede existir deseo alguno si no hay una relación. Tú no puedes desear algo que no existe. El simple hecho de que sientas deseo es un indicador en sí mismo de que vendrán días mejores. David dijo: *"hubiese yo desmayado si no creyese que veré la bondad de Jehová en la tierra de los vivientes"* (Salmo 27:13). Entonces, espera que pase algo maravilloso.

Cuando yo era niño, teníamos un perro llamado Pup. No te rías del nombre. Era un animal feroz. Se podía comer a cualquiera que se le acercase. Estaba encadenado a un grueso poste en el jardín trasero de casa y la cadena era bien fuerte. Jamás nos imaginamos que podría soltarse. Cuando podía perseguir algo, la cadena le golpeaba la espalda. Casi siempre nos reíamos de él, cuando no estábamos a su alcance. Un día, Pup vio algo que realmente deseó. Estaba fuera de su alcance. Pero, la motivación que tenía delante era superior al impedimento que tenía detrás. Estiró la cadena al máximo y, en lugar de revotar y volver para atrás, la cadena se soltó y Pup quedó libre para ir detrás de su presa.

Eso es lo que Dios hará por ti. Lo que te tiraba hacia atrás se romperá, y quedarás libre para ir hacia tu objetivo, porque Dios ha puesto grandeza delante de ti. No puedes recibir lo que Dios quiere para ti mirando atrás. Él es poderoso. Él es lo suficientemente poderoso para romper el yugo del enemigo en tu vida. Es tan poderoso que te dejará libre, te soltará y te liberará.

PLANTA LA SEMILLA DE LA VERDAD DE DIOS

Lo que necesitas es una simiente en el útero que creas que puede producir un embrión. Y tienes que estar dispuesta a nutrir ese embrión hasta que crezca y se haga visible. Cuando ya no sea posible estar oculto, nacerá a la vida como oración contestada. Nacerá. No importa cuánto intenten los demás por retenerlo; nacerá.

Pon la verdad en tu espíritu y aliméntala, nútrela y déjala crecer. Deja de decirte a ti misma: "Eres demasiado gorda, demasiado vieja, o demasiado ignorante". Deja de alimentarte de basura. Eso no nutrirá al bebé. Muchas veces dejamos famélico el embrión de la fe que está creciendo en nosotros. No es sabio hablar en contra de tu propio cuerpo. Las mujeres tienen tendencia a hablar en contra de sus propios cuerpos, abriendo así la puerta a las enfermedades. Háblale de vida a tu cuerpo y festeja lo que eres. Eres la imagen de Dios.

LEE LAS ESCRITURAS

Las Escrituras nos recuerdan quienes somos.

"Te alabaré; porque formidables maravillosas son tus obras; estoy maravillado, y mi alma lo sabe muy bien".

Salmo 139:14

Estas son las palabras que deben alimentar nuestra alma. La verdad dejará que la nueva vida se desarrolle en nosotros. Alimenta el embrión con palabras como las siguientes.

"Cuando veo tus cielos, obra de tus dedos, la luna y las estrellas que tú formaste, digo: ¿Qué es el hombre, para que tengas de él memoria, y el hijo del hombre, para que lo visites?".

Salmo 8:3-4

"Te pondrá Jehová por cabeza, y no por cola; y estarás encima solamente, y no estarás debajo, si obedecieres los mandamientos de Jehová tu Dios, que yo te ordeno hoy, para que los guardes y cumplas".

Deuteronomio 28:13

"Todo lo puedo en Cristo que me fortalece".

Filipenses 4:13

La Palabra de Dios será el alimento que nutrirá al bebé en gestación.

EL QUE NO PODAMOS VERLO NO SIGNIFICA QUE DIOS NO LO HARÁ

El libro de Hebreos nos da una tremenda lección de fe. Cuando le creemos a Dios, somos contados como justos. La justicia no se gana por mérito propio. La da la fe. Podemos tener un buen expediente personal simplemente, basado en nuestra fe. La fe llega a ser la moneda, como el dinero es la moneda legal en este mundo para cambiarlo por bienes y servicios. La fe llega a ser la moneda, o la sustancia de las cosas que se esperan, la convicción de lo que no se ve. Por ella alcanzaron buen testimonio los antiguos (Hebreos 11:1-2).

"Por la fe entendemos haber sido constituido el universo por la palabra de Dios, de modo que lo que se ve fue hecho de lo que no se veía".

Hebreos 11:3

Lo invisible se hizo visible y manifiesto. Dios quiere que comprendamos que tan sólo porque no lo vemos no significa que Él no lo hará.

LA FE COMIENZA CON UNA PALABRA

Lo que Dios quiere hacer con nosotros comienza con una palabra que se introduce en nuestro espíritu. Todo lo tangible comienza siendo intangible. Puede ser un sueño, un pensamiento, una palabra de Dios. De la misma manera, lo que el hombre ha inventado comenzó como un concepto en la mente de alguien. Entonces, porque no lo veamos no significa que no lo obtengamos.

Hay una progresión en los caracteres mencionados en este capítulo de Hebreos. Abel adoró a Dios por fe. Enoc caminó con Dios por fe. Tú no puedes caminar con Dios si no lo adoras. Lo primero que hay que aprender es cómo adorar a Dios. Cuando hayas aprendido cómo adorar a Dios, entonces podrás desarrollar el caminar con Dios. Deja de intentar que la gente camine con un Dios a quien no adora. Si tú no amas a Dios lo suficiente como para adorarlo, jamás podrás caminar con Él. Si puedes adorar como Abel, entonces podrás caminar como Enoc.

ENOC Y NOÉ

Enoc caminó por fe. Noé trabajó con Dios. Tú no puedes trabajar con Dios a menos que camines con Dios. Y no puedes caminar con Dios si no lo adoras. Si puedes adorar como Abel, puedes caminar como Enoc. Y si caminas como Enoc, puedes trabajar como Noé.

> *"Pero sin fe es imposible agradar a Dios; porque es necesario que el que se acerca a Dios crea que le hay, y que es galardonador de los que le buscan".*

Hebreos 11:6

Dios recompensará a quienes perseveren en buscarlo a Él. Él no va a venir cuando tú quieras, pero siempre llega a tiempo. Si esperas en el Señor, Él fortalecerá tu corazón. Él te sanará y te libertará. Él te levantará y romperá esas cadenas. El poder de Dios hará que se suelte el yugo de tu cuello. Él te dará manto de gozo en lugar de aflicción (Isaías 61:3).

ABRAHAM

Abraham fue un gran hombre de fe. El escritor de Hebreos menciona varias áreas de su fe. Abraham esperaba la ciudad que tiene fundamento, cuyo arquitecto y constructor es Dios (Hebreos 11:10). Pero él no aparece en la lista de los "famosos de la fe" como quien produjo a Isaac. Tú puedes pensar que si por algo es famoso Abraham es por haber tenido a Isaac. Pero no se lo aplaude por eso.

SARA

> *"Por la fe también la misma Sara, siendo estéril, recibió fuerza para concebir; y dio a luz aun fuera del tiempo de la edad, porque creyó que era fiel quien lo había prometido".*

Hebreos 11:11

Cuando se trata de dar a luz un bebé, las Escrituras no se refieren a un hombre, sino a una mujer con útero.

Sara necesitaba fuerza para concebir cuando ya no estaba en edad de tener hijos. Pero Dios suplió su necesidad. Ella creyó que Él era capaz de darle un hijo más allá de las circunstancias aparentes. Desde una perspectiva natural, era imposible. Seguramente que el enemigo no quería que eso ocurriese. Pero Dios cumplió su promesa.

DA A LUZ CON LA VISIÓN DE SARA

¿Por qué vas a permitir que tu visión quede nula por la falta de un hombre? Muchas mujeres tienen esposos no creyentes en la casa. Ten fe por ti misma. Sé una mujer con útero. No importa si alguien más lo cree. Aférrate a la verdad de que Él está haciendo algo bueno en ti. Todos nosotros necesitamos nuestra propia caminata con Dios. Ponte en pie y dale gracias a Dios. Créele a Dios y sabe que Él es capaz de hacerlo.

Sara no se basó en la fe de su marido, ella confió en su propia fe.

TÚ ERES UNA MUJER DE DIOS

Tú eres una mujer de Dios. No te ha llamado para sentarte en la ventana esperando que Dios te mande un marido. Es mejor que tengas tu propia fe y le creas a Dios en tu espíritu. Si le puedes creer a Dios, Él hará su obra en tu vida. No importa el deseo o la bendición que esperes; Dios ha prometido concederte las peticiones de tu corazón (Salmo 37:4).

DIOS CAMBIARÁ LAS COSAS

Date cuenta que aunque la vida te haya parecido irracional y fuera de control, Dios puede dar vuelta a las cosas. Cuando los problemas se habían desatado en mi vida y yo creía que ya no podía más, Dios intervino y rompió todas las cadenas que me retenían. Él no hará menos por ti.

Abraham contaba con muchas promesas de Dios en relación a su descendencia. Dios le dijo a Abraham que su simiente sería *"como la arena que está a la orilla del mar y las estrellas del cielo"* (Génesis 22:17). Allí hay dos promesas de simiente.

Primeramente, Dios dice que su simiente será como la arena. Esa promesa representa la nación de Israel, en lo natural y físico. Ese es el pueblo del Antiguo Pacto. Pero Dios no se detiene allí. Él también promete que la simiente de Abraham será como las estrellas del cielo. Este es el pueblo del Nuevo Pacto, la iglesia. Somos exaltados en Cristo Jesús. Nosotros también somos simiente de Abraham. Somos las estrellas del cielo.

Pero Dios tenía otros planes también para los descendientes de Abraham que iban más allá de comenzar una nueva nación en la tierra. Él había concebido un nuevo reino espiritual que duraría eternamente. La concepción del plan comenzó siendo simiente pero terminó en estrellas.

BENDICIONES MULTIPLICADAS

¿Te das cuenta ahora por qué Sara tenía que recibir fuerza para concebir la simiente cuando ya no estaba en edad de tener hijos? Lo único que se interponía entre la simiente y las estrellas era ella, la mujer. El anciano le dio la simiente y ella le dio las estrellas del cielo. Del mismo modo, Dios quiere que cualquier cosa que te dé se multiplique en el útero de tu espíritu. Y cuando lo das a luz, será mayor que lo recibido.

El enemigo quiere multiplicar el miedo en tu vida. Es más, quiere que tengas tanto miedo que ni siquiera te puedas dar cuenta a qué le temes. Puede que tengas miedo de vivir en tu propia casa. Algunas tienen miedo de corregir a sus hijos. Otras temen estar delante de los demás. Intimidadas y temerosas, muchas mujeres no dan a luz la visión de Dios. Dios quiere liberarte de tus temores, inundándote de fe.

DILE ADIÓS AL AYER

Para poder seguir adelante, tenemos que estar dispuestos a renunciar al ayer e ir hacia el mañana. Debemos creerle a Dios lo suficiente como para permitirle que se acerque y remueva nuestro interior. Tal vez Él tenga que arrancar los viejos esqueletos guardados y reemplazarlos con una nueva actitud.

A veces las mujeres están tan acostumbradas a ser heridas que cuando alguien se les acerca, se ponen a la defensiva. Algunas tienen una actitud irritada y dura hacia los hombres, pero Dios sabe que detrás de esa actitud, no hay más que temor. Dios trata directamente con el corazón. Él te hace saber que no tienes por qué temer. Y los planes de Dios son buenos. Él no es como la gente que te ha lastimado y ha abusado de ti. Él quiere ayudarte solamente para que te restaures plenamente.

ROMPE LAS CADENAS DEL PASADO

El enemigo intenta encadenarnos a las circunstancias del pasado para mantenernos lejos de alcanzar nuestro potencial. Satanás ha sembrado temor para bloquear tu útero. Él bloquea tu matriz para que no seas tan productiva como quieres ser. Él quiere destruir el espíritu de creatividad en ti. Pero Dios quiere que sepas que no tienes nada que temer. Puedes ser creativa. Él te convertirá en la mujer con útero que Él quiere que seas.

Puede que hayas estado atormentada y hayas sufrido. Te has molestado. Te has frustrado y eso ha obstruido tu caminar. Pero Dios te está liberando del temor.

> *"Porque no nos ha dado Dios espíritu de cobardía sino de poder, de amor y de dominio propio".*
>
> 2 Timoteo 1:7

Debes darle a Dios una oportunidad. Luego comenzarás a ver la belleza en las diferentes etapas de tu vida. Tal vez hayas tenido miedo de envejecer. De ser así, Dios te dará la fuerza para agradecerle por cada año de vida.

Aunque debemos tener cuidado de no quedar atrapados en el pasado, debemos mirar atrás y darle gracias a Dios por cómo Él ha estado con nosotros en medio de las luchas. Si tú eres como yo, dirías: "jamás lo hubiese logrado si tú, Señor, no me hubieses acompañado".

Por lo tanto, celebra lo que has llegado a ser con su ayuda. En toda circunstancia, regocíjate porque Él ha estado contigo.

SANIDAD EN LOS HUESOS SECOS

Yo creo que Dios da salud a los huesos secos. Los huesos vencidos y encorvados, los huesos que perdieron su firmeza, los huesos que te hicieron enojar contigo misma. Todos reciben la vida del Espíritu. Tal vez hayas respondido a los sucesos de tu vida con una baja autoestima. Dios sanará las heridas internas y te mostrará cuán importante eres para Él. Tú haces la diferencia. El mundo sería un lugar distinto si no fuera por ti. Tú eres parte de su plan divino.

Cuando el ángel se le apareció a María y le dijo lo que Dios iba a hacer en ella, María preguntó cómo iba a ser posible (Lucas 1:34). Tal vez, Dios te haya estando diciendo algunas cosas que Él quiere hacer en tu vida, pero tú lo has cuestionado. Quizás tus circunstancias no parecen permitirte realizar muchos logros. O, quizás, te falta la fuerza para realizar la tarea sola. O, tal vez, como María, estás pensando solamente en lo natural y que necesitas un hombre para hacer la voluntad de Dios.

> *Respondiendo el ángel le dijo: El Espíritu Santo vendrá sobre ti, y el poder del Altísimo te cubrirá con su sombra; por lo cual también el Santo Ser que nacerá, será llamado Hijo de Dios.*

> Lucas 1:35

Si te has estado preguntando cómo la voluntad de Dios se hará realidad en tu vida, recuerda que Él logrará llevar a cabo la tarea. Ningún hombre se llevará el crédito del nacimiento. Así como le dijo a María: "el Espíritu Santo te cubrirá", la misma verdad es aplicable a cualquier mujer de Dios hoy en día. El Espíritu Santo te llenará. Él concebirá en ti. Él le dará vida a tu espíritu. Él implantará un propósito nuevo en tu ser. Él te renovará. Él te restaurará.

Dios tenía un plan especial para María. Ella dio a luz a Jesús. Y Él tenía un plan especial para nosotros. A diferencia de María, no somos tan privilegiados como para ver el futuro. No sabemos qué clase de bienes Él tiene almacenados para nosotros. Pero, Él sí tiene un plan. Las mujeres de Dios tienen que ser mujeres con úteros. Tienen que ser creadoras y dar a luz nueva vida. Eso es, exactamente, lo que Dios quiere con aquellas que están quebrantadas y desanimadas.

CREE SIMPLEMENTE

Si las grandes cosas viniesen de aquellos que nunca han sufrido, podríamos pensar que lograron esas cosas por sus propios méritos. Cuando una persona quebrantada se sujeta a Dios, Dios se glorifica por las cosas maravillosas que Él puede hacer, sin importar cuán profundo haya caído esa persona. La unción de

Dios te restaurará y te hará lograr cosas grandes y nobles. ¡Créelo!

El Cristo oculto que está encerrado detrás de tus temores, tus problemas y tu ministerio, nacerá en tu vida. Verás el poder del Señor Jesús haciendo cosas admirables.

Después que el ángel le hubiese dicho esas cosas a María ¿sabes lo que respondió ella? *"Entonces María dijo: He aquí la sierva del Señor; hágase conmigo conforme a tu palabra. Y el ángel se fue de su presencia"* (Lucas 1:38). No dijo de acuerdo a mi estado civil. No conforme a mi trabajo. No de acuerdo a lo que merezco. Sino: "conforme a tu palabra".

María sabía lo que significaba creer en Dios y someterse a Él. Estaba asumiendo un gran riesgo. Estar embarazada sin estar casada podía trerle muy graves consecuencias en aquella época. Pero voluntariamente se entregó al Señor.

María tenía una prima llamada Elisabet quien estaba esperando un hijo. El hijo en el vientre de Isabel era el heraldo del Mesías. Cuando ambas mujeres se encontraron para compartir lo que les había pasado, la Biblia narra que la criatura saltó en el vientre de Elisabet y que ella fue llena del Espíritu Santo (Lucas 1:41).

Tienes que saber que las cosas que has dejado de creerle a Dios han comenzado a saltar en tu espíritu nuevamente. ¡Dios te renovará! Con frecuencia, las mujeres han estado trabajando las unas contra las otras, pero Dios las unirá. Vosotras se unirán como María y Elisabet y harán que sus bebés salten en sus vientres. El poder del Señor Jesús hará algo nuevo en vuestras vidas. Sólo déjenlo. El Espíritu Santo vendrá sobre ustedes y las restaurará.

SIGUE TU SUEÑO

Si tú eres una mujer que ha tenido un sueño y sentido una promesa, ve por ella. Toda mujer que sabe que hay otra mujer en su interior que todavía no ha nacido puede elevar su corazón a Dios. Al hacerlo, Él suplirá su necesidad interior y la hará llegar al máximo de su potencial. Él restaurará lo que le hayan robado a causa del maltrato y el sufrimiento. Él le devolverá de manos del enemigo lo que se haya tragado a lo largo de su vida.

Hermanas, Él quiere reunirlas. Toda María necesita a Elisabet. Él necesita que estén juntas. Dejen ya de pelear entre ustedes. Depongan las armas. Suelten las espadas. Bajen los escudos. Dios le ha dado algo a tu hermana que tú necesitas. Cuando se unan, pueden suceder grandes cosas. Satanás quiere mantenernos alejados de nuestro potencial. Él hace que pasen cosas horribles en sus vidas para que pongan la vista en diferentes objetivos. El temor a los malos tratos solo se puede eliminar por el poder del Espíritu Santo. Hay un gran potencial en la mujer que cree. Pero ese potencial a veces queda encerrado debido a historias pasadas. Deja que Dios las barra. Puede que Él use otras personas en el proceso, pero es su unción lo que dará nacimiento a la nueva vida que está en lo más profundo de tu ser.

CAPÍTULO OCHO

Úngeme...¡Soy soltera!

*La Biblia llama
soltera a la mujer
virgen, porque Dios
es de la opinión que
si no le perteneces a
un hombre, le
perteneces
estrictamente a Él.*

lguna de ustedes no entiende el beneficio de ser soltera. En realidad, mientras no estás casada, debes tener una relación con Dios. Porque cuando te casas, le dedicas a tu esposo todo lo aprendido cuando eras soltera. El apóstol Pablo toca este tema en la primer carta a la iglesia de Corinto.

> *"Quisiera, pues, que estuvieseis sin congoja. El soltero tiene cuidado de las cosas del Señor, de cómo agradarle al Señor; pero el casado tiene cuidado de las cosas del mundo, de cómo agradar a su mujer. Hay asimismo diferencia entre la casada y la doncella. La doncella tiene cuidado de las cosas del Señor, para ser santa así en cuerpo como en espíritu; pero la casada tiene cuidado de las cosas del mundo, de cómo agradar a su marido".*

1 Corintios 7:32-34

Las solteras, generalmente, se olvidan de las muchas ventajas que tienen. A las cinco de la mañana puedes estar en la cama y orar en el espíritu hasta las siete y media sin tener que responder a nadie. Puedes adorar al Señor cuándo y cómo se te dé la gana. Puedes orar postrada en el suelo de tu casa y adorar y nadie se sorprenderá por ello...*"la doncella tiene cuidado de las cosas del Señor".*

Con frecuencia, quienes ministran en las iglesias, escuchan las quejas de las solteras y su necesidad de tener esposo. Muy raramente la mujer soltera elogia la libertad que tiene en su relación con el Señor. ¿Te estás quejando porque necesitas a alguien? De ser así, deja de quejarte y empieza a sacarle provecho al tiempo que no tienes que emplear en cocinar y en ocuparte de las cosas de una familia. Cuando una mujer es soltera, debe darse cuenta que tiene la oportunidad única de edificarse a sí misma en el Señor sin los sinsabores que sucederán después.

SÉ FIEL EN TU SOLTERÍA

Esta es la época de tu vida en la que recargas la batería. Es tiempo de consentirte, de tomar exóticos baños en leche y miel. Puedes quedarte en la bañera y adorar al Señor. Tienes un ministerio. Antes de pedirle al Señor otro esposo, ocúpate de Él. Si no le estás ministrando a sus necesidades, y estás siempre delante suyo pidiéndole que te dé algún príncipe para ministrarle, tus oraciones no están siendo oídas porque no le estás siendo fiel a Él. Cuando tú eres fiel en tu soltería, estás mejor equipada para serle fiel a un marido.

Si tú menosprecias al marido perfecto, Jesús, seguramente despreciarás al resto de nosotros. Si tú ignoras al que te provee oxígeno, aliento, fuerza, tejido en tus huesos, corpúsculos sanguíneos y la vida misma, seguramente no serás capaz de respetar a ningún marido terrenal. El Señor quiere hacer el amor dulcemente contigo. No estoy siendo carnal, estoy siendo real. Él quiere tomarte en sus brazos. Él quiere que vayas a su encuentro al fin del día y le digas: "Oh, Señor, hoy casi ni alcanzo mi objetivo. ¡Me han pasado tantas cosas, que estoy contenta de tenerte a ti! Han tratado de devorarme, pero te doy gracias por esto que tenemos juntos. Casi no podía esperar para estar a solas para adorarte y alabarte y magnificarte. Tú eres quien me alienta a seguir andando. Tú eres a quien ama mi alma, mi mente, mis emociones, mis actitudes y mi disposición. Tómame en tus brazos. Tócame. Fortaléceme. Déjame abrazarte. Permíteme bendecirte. He reservado la noche para nosotros. Esta noche es nuestra noche. No estoy tan ocupada como para no tener tiempo para ti. Porque si no tengo tiempo para ti, seguramente, tampoco lo tendré para un marido. Mi cuerpo es tuyo. Nadie me va a tocar sino tú. Soy santa en cuerpo y espíritu. No estoy cometiendo adulterio en nuestra relación. Mi cuerpo es tuyo".

NO PIDAS POR SAÚL

Las Escrituras le dicen doncella a las vírgenes porque Dios piensa que si no le perteneces a un hombre, le perteneces estrictamente a Él. Dios piensa que tú eres suya. El corazón de Dios estaba quebrantado con la antigua nación de Israel. Estaba quebrantado porque Israel había venido a decirle : *"...constitúye-nos ahora un rey que nos juzgue, como tienen todas las naciones"* (1 Samuel 8:5). Dios creía que Él era su Rey. Pero cuando ellos prefirieron un hombre más que a Dios, Él les dio a Saúl e Israel cayó en decadencia.

TOMA TIEMPO PARA ADORARLO

No hay nada malo en desear casarse. Simplemente estoy diciendo que necesitas ocuparte del Señor mientras estás esperando. Minístrale a Él. Deja que Él te sane y te libere mientras lo adoras. Las mujeres solteras debieran ser las personas más consagradas de la iglesia.

En vez de estar las solteras envidiando a las casadas, las casadas tendrían que estar celosas de las solteras. Ustedes son quienes deben cubrir con su sombra a la gente para que se sane. ¿Por qué? Porque ustedes están en posición y postura de oración. El Señor ha llegado a ser su necesario sustento. Mientras las mujeres casadas dependen de sus maridos, las solteras aprenden a depender del Señor. Dios no tiene limitaciones. La mujer casada puede que tenga un marido que haga ciertas cosas, pero Dios puede hacer todo. Qué privilegio estar casada con Él. Como le dijo a Joel: *"...y también sobre las siervas derramaré mi Espíritu..."* (Joel 2:29). Dios tiene una unción especial para la mujer que está libre para buscarlo. ¡Su vida de oración puede estallar en milagros!

DIOS ES TU ESTÍMULO

Eso no significa que esté mal que desees compañía humana. Dios estableció esa necesidad. Pero mientras esperas, entiende que Dios piensa que Él es tu marido. Por tanto, ten cuidado en cómo lo tratas. Él cree que es tu hombre. Por eso te hace esos favores especiales. Es Dios quien te convierte en una mujer hermosa. Él te ha estado cuidando, aun cuando no te hayas dado cuenta de su provisión. Él es fuente de toda cosa buena Él hace que las cosas sigan su curso y te provee para tus necesidades cotidianas. Es Él quien te abre las puertas. Él ha sido tu estímulo, tu amigo y tu compañero.

Las personas casadas tratan de agradar a su consorte mientras que las solteras son más libres para buscar y complacer al Señor. Existe una relación especial de poder entre Dios y el creyente soltero. Pablo escribe: *"cada uno en el estado en que fue llamado, en él se quede"* (1 Corintios 7:20). En otras palabras, la persona soltera debe quedarse así y no estar luchando con su soltería. En vez de gastar todas nuestras energías tratando de cambiar de estado, deberíamos aprender a desarrollar la posición en la que nos ha colocado. ¿Acaso no es eso lo que significa "he aprendido a contentarme cualquiera que sea mi situación"? (Filipenses 4:11). Declaro paz para ti en el día de hoy.

SANTIFÍCATE

Tal vez no hayas vivido como debieras. Tal vez tu casa no haya sido la casa de oración que realmente tendría que haber sido. Quiero que aproveches esta oportunidad para comenzar a santificar tu casa y tu cuerpo. Tal vez tu cuerpo haya sido maltratado y manoseado por toda clase de gente. No importa. Quiero que santifiques tu cuerpo para el Señor, y le des tu cuerpo como un sacrificio vivo a Dios (Romanos 12:1). Si no puedes cumplir con tu palabra para con Dios, jamás podrás cumplir con tus promesas hechas a un hombre. Dale tu cuerpo a Dios y santifícate.

Cuando Dios escoge una esposa para uno de sus regios hijos, Él escogerá una esposa entre quienes son fieles y santas. Él pasará de largo por aquellas que no guarden sus promesas para con Él. Si te vas a casar con un rey, él querrá que seas una reina. ¡Empieza a santificarte! Trae tu cuerpo delante de Dios. Tráele tu pasión y deja que Dios satisfaga tus necesidades.

Deja que Dios te fortalezca hasta que le puedas decir al diablo:

"mi cuerpo le pertenece a Dios; todo mi cuerpo le pertenece a Dios. Soy suya. Desde la coronilla hasta la punta del dedo gordo del pie, todo lo que soy le pertenece a Dios. Voy a buscar su rostro en la mañana temprano. De noche, en mi cama, voy a llamarlo. Lo voy a abrazar y a tocar. Él es el Dios de mi salvación".

EL MINISTERIO DEL MATRIMONIO

El matrimonio es un ministerio. Si eres soltera, tu ministerio es directamente para el Señor. Pero si eres casada, tu ministerio es por medio de tu esposo. La Biblia instruye a la mujer casada a aprender piadosa devoción a través de la relación con su marido.

> *"Maridos, amad a vuestras mujeres, así como Cristo amó a la iglesia y se entregó a sí mismo por ella, para santificarla, habiéndola purificado en el lavamiento del agua por la palabra".*

Efesios 5:25-26

El matrimonio es el único lugar en la sociedad humana donde el verdadero amor se puede expresar en gran manera. Los esposos se sacrifican el uno por el otro. Así como Cristo se dio a sí mismo por la iglesia, el marido y la mujer deben darse el uno al otro como ofrendas de amor. El matrimonio no es el lugar donde se busca gratificación personal. Es el sitio donde buscamos gratificar al otro.

La santidad del matrimonio se halla en la relación entre Cristo y la iglesia. Jesús continúa intercediendo a favor de la iglesia, aun después de haber dado todo por nosotros. Él es el gran abogado de los creyentes. Él está delante de Dios defendiéndonos y proclamando nuestra valía.

TÚ ERES LA GRAN ABOGADA DEFENSORA DE TU MARIDO

De igual manera, maridos y esposas están unidos de tal forma que son el mayor abogado el uno del otro. No exigiendo sus propios derechos sino buscando siempre complacer al otro.

No cabe ninguna duda que Dios tiene planes especiales para cada uno de nosotros. La mujer soltera debe reconocer su lugar y buscar complacer a Dios en todos sus caminos. Soltero significa "entero". Disfruta el hecho de ser una persona completa. La mayor visitación del Espíritu Santo en toda la historia le ocurrió a una joven soltera llamada María. Antes de tener una relación íntima con José, el Espíritu Santo vino sobre ella. Y esa misma unción quiere cubrirte a ti. Ya deja de quejarte y murmurar. ¡Su presencia está en el cuarto! ¡Adóralo! Él está esperando por ti.

CAPÍTULO NUEVE

Mesa para dos

Una auténtica buena relación es una comida picante servida sobre una mesa tambaleante llena de sueños, sufrimientos y momentos tiernos. Momentos que te hacen sonreír en secreto en medio del día.

"Entonces Jehová Dios hizo caer sueño profundo sobre Adán, y mientras éste dormía, tomó una de sus costillas, y cerró la carne en su lugar. Y de la costilla que Jehová Dios tomó del hombre, hizo una mujer, y la trajo al hombre".

Génesis 2:21-22

a primer mujer que se menciona en la Biblia fue creada madura, sin niñez o un ejemplo definido de su rol o su relación con su esposo. Fue creada mujer mientras Adán dormía. La primera alusión al matrimonio fue cuando el Señor "se la trajo al hombre". Creo que la vida sería mejor si dejásemos que Dios nos trajese lo que tiene para nosotros.

La única evolución que encuentro en la Biblia es la mujer, que evolucionó del hombre. Ella es el regalo de Dios para el hombre. Cuando Dios quiere ser alabado, Él crea al hombre a su propia imagen y semejanza. Entonces, cuando Él ve que no es bueno que el hombre esté solo, le da al hombre alguien como él. Adán dijo que la mujer era: *"hueso de mis huesos y carne de mi carne"* (Génesis 2:23). Lo que le atrajo de ella fue su parecido. La llamó "varona" porque había salido del varón. Como la iglesia de Cristo, Eva era su cuerpo y su novia.

"Porque nadie aborreció jamás a su propia carne, sino que la sustenta y la cuida, como también Cristo a la iglesia, porque somos miembros de su cuerpo, de su carne y de sus huesos. Por esto, dejará el hombre a su padre y a su madre y se unirá a su mujer, y los dos serán una sola carne. Grande es este misterio; mas yo digo esto respecto de Cristo y de la iglesia".

Efesios 5:29-32

COMPONENTES SUPERFICIALES

El hombre y la mujer fueron creados del mismo material. Adán dijo: "ella es hueso de mis huesos". No dijo nada de sus medidas, contextura física, o color de pelo. Esos componentes superficiales son como colocar un producto en un envase atractivo. El envase puede inducir al comprador a probar el contenido. Pero, solamente el producto hará que el cliente regrese por más. A él le interesa algo más que lo externo. La apariencia externa es una ventaja, pero puedes estar segura que cuando del matrimonio se trata, nadie permanece unido simplemente porque eran atractivos.

LA CARNE NO ES MÁS QUE CARNE

No sé si estoy de acuerdo con quienes dicen que existe una sola persona en el mundo para ti. Personalmente, me daría un poco de temor que, con los billones de personas que pueblan el planeta, no podría encontrarlas. Pero lo que sí sé es que cuando encuentras una persona con quien eres compatible, existe una unión que consuma el matrimonio que no tiene nada que ver con el sexo. Entiendo cuando dices que sientes que esta persona es la única en el mundo. Pero veamos un poco, ¡no todas las personas con las que te encuentras son hueso de tus huesos! Es de suma importancia que tú no permitas que cualquiera te manipule para que elijas a alguien que no tenga nada que ver contigo. Cuando Ezequiel habla de los huesos secos del valle, dice: *"los huesos se juntaron, cada hueso con su hueso"* (Ezequiel 37:7) Toda persona debe orar y discernir si va a estar unido al otro el resto de su vida.

La palabra *unirse*, (estar juntos) usada en Génesis 2:24 que cita Pablo en Efesios 5:29-32 es una traducción del término hebreo *debaq* que significa: "estar adherido, pegado; figurativamente, quedar agarrado al seguir a alguien de cerca" (ver "Strong's Exhaustive Concordance of the Bible", pág. 1692). Existe en muchos de nosotros una gran necesidad de pegarnos a alguien, de tener un sentido de pertenencia. Pero es triste darse cuenta que nuestra sociedad se ha vuelto tan promiscua que muchas personas han equivocado la excitación de un fin de semana por la unión de dos almas sedientas comprometidas en amor.

ANTES Y DESPUÉS

Si tú no eres casada, te pido que consideres estos temas con cuidado mientras oras y buscas la compañía de Dios. Busca diez parejas que hayan estado casadas doce años o más. Luego mira el álbum de fotos de su casamiento para ver cuántos de ellos han cambiado dramáticamente. Te darás cuenta que si esas primeras impresiones hubiesen sido las que mantenían unido el matrimonio, probablemente, ya se hubiese acabado.

Seguramente, se debe a ti y a tu esposo el hacer todo lo posible. Pero, hay mucho más involucrado en un matrimonio que lo superficial.

UNA UNIÓN SANTA

El matrimonio es algo tan personal que nadie puede mirar ese vínculo desde afuera pensando qué es lo que los une. Si eres casada, comprende que tu marido no está llevando adelante una oficina. Él no debe tener la aprobación de toda tu familia y tus amigos. Y no esperes que todos vean lo que tú ves en él y él en ti, que los mantiene unidos.

¿Han asumido el compromiso de estar juntos? El secreto de la unión está en irse. *"Dejará el hombre a su padre y a su madre"* (Marcos 10:7). Si tú entras al matrimonio y quieres seguir tus antiguas costumbres, ya sea mental, emocional o físicamente, tu matrimonio jamás resultará. Cuando los jalones de la adversidad ataquen los lazos matrimoniales, tu matrimonio se vendrá abajo. Por lo tanto debes irte y unirte a tu esposo. Es muy insalubre unirse a alguien que no sea tu esposo en busca de ayuda.

VETE Y ÚNETE

Todos nosotros necesitamos una amistad completa, pero, ninguna tendrá mayor influencia sobre ti que tu esposo (después de Dios). ¡Algunas de ustedes podrían salvar su matrimonio ahora mismo, si dejasen algunas de sus ataduras extramatrimoniales y se uniesen a su esposo!

No siempre es cuestión de sentimientos. El justo por su fe vivirá. Aplicamos este versículo a tantas cosas ¿que por qué no al matrimonio? Romanos 1:17 dice: *"porque en el evangelio, la justicia de Dios se revela por fe y para fe, como está escrito: mas el justo por la fe vivirá"*. Créele a Dios en relación a tu matrimonio. No serán tus sentimientos los que sanen tu relación; será tu fe. ¿Sabías que no puedes confiar en tus sentimientos?

ÚNETE EN FE

Aconsejo a muchas mujeres, quienes, con lágrimas en los ojos me dicen: "no puedo confiar en él". Te tengo noticias. ¡Tampoco puedes confiar en ti misma! Tus sentimientos fluctúan. Pero tu fe será inamovible. La unión implica que no te despegarás. El matrimonio se va erosionando como las márgenes de los ríos, un poquito cada día.

SÉ TÚ MISMA

Cuando una mujer está satisfecha trata a su marido de determinada manera. Hay que tener fe para sobrellevar un matrimonio frustrado con el mismo respeto con que lo harías en una relación próspera. Muchas veces no te sientes como quisieras y mantienes una férrea postura externa. Todo lo que estoy diciendo es que no dejes que otra persona haga que desempeñes el papel que no quieres.

Sé que muchas de ustedes están viviendo una pésima relación matrimonial, pero no puedo aconsejar lo que no veo. Para necesidades específicas, recomiendo el cuidado pastoral y la guía de un consejero. Sin embargo, quiero advertirte que anulando tu amabilidad como defensa, no dejarás de sufrir. Si anulas lo que eres, caerás en depresión. Es terrible encarcelar tu personalidad para "combatir el fuego con fuego". ¡La mejor manera de combatir el fuego es con agua! La victoria de la mujer no está en sus palabras, está en su carácter.

"Asimismo vosotras, mujeres, estad sujetas a vuestros maridos; para que también los que no creen a la palabra, sean

ganados sin palabra por la conducta de sus esposas, consideran-
do vuestra conducta casta y respetuosa".

1 Pedro 3:1-2

"Porque así también se ataviaban en otro tiempo aquellas
santas mujeres que esperaban en Dios, estando sujetas a sus
maridos; como Sara obedecía a Abraham, llamándole señor; de
la cual vosotras habéis venido a ser hijas, si hacéis el bien, sin
temer ninguna amenaza".

1 Pedro 3:5-6

UNA LECCIÓN DE PEDRO

Recientemente, mientras enseñaba un seminario, una señora
levantó la mano y dijo: "Soy viuda. Perdí a mi marido quien murió
sin ser salvo. Reclamé la promesa de 1 de Pedro 3:1 y llegó al
final de su vida sin ser salvo".

Obviamente, estaba luchando con el dolor y le contesté: "Esa
Escritura no indica que la responsabilidad de que el marido sea
salvo recaiga sobre la esposa. Solamente dice que una mujer
sumisa y serena crea una atmósfera capaz de ganarlo". Luego
eché fuera el espíritu de condenación y culpa y alabé a Dios con
la unción del Espíritu Santo.

Este pasaje de Pedro no se escribió para abusar de la mujer;
se dio para instruirlas acerca de lo que da resultados en el hogar.
La fe no es carnal y gritona sino tranquila y espiritual. Créeme
cuando te digo que esta actitud es efectiva. Nadie puede hacer
nada para que otra persona se salve. No la puedes hacer volver
a casa. No puedes hacer que te ame. Pero puedes crear una
atmósfera donde tu conducta no está socavando tus oraciones. A
esto se refiere Pedro.

APRENDIENDO A ACTUAR Y HABLAR

Las mujeres tienen tendencia a las palabras mientras que los
hombres tienden a lo físico. Las mujeres sienten que todo debe
discutirse. La comunicación es crucial para una sana relación, lo
único que los hombres no siempre hablan con palabras.

Los hombres se comunican tocando, aun en las relaciones entre hombres. Una palmada en la espalda o un doble apretón de mano significan: "me gustas". Algunos creen que los hombres siempre se comunican a través del sexo. Pero no siempre es así. Cuando un entrenador de baloncesto le da una palmada en el trasero a una de sus jugadoras, no tiene intenciones sexuales. ¡Buen trabajo! Debemos aprender los métodos de comunicación de cada uno.

En vez de sentirte rechazada, pídele a tu esposo que te diga por qué hace lo que hace. O, mejor aun, observa su método de comunicación y enséñale a él los tuyos.

ENSÉÑALE TU IDIOMA

¡Hazte entender! Los malos entendidos son terribles. Yo soy dador. Por lo tanto, cada vez que siento afecto, lo primero que quiero hacer es comprarle un regalo a mi esposa. Al principio me sorprendió ver que a mi esposa, aunque le gustaban los regalos ¡las tejetas la volvían loca! ¡Eso para mí es ridículo! Ella guarda tarjetas tan viejas que ya están amarillentas. Yo leo las tarjetas, las disfruto, pero raramente las guardo. Nos pasamos los primeros años de nuestro matrimonio enseñándonos el uno al otro nuestro lenguaje.

CONFUSIÓN EN BABEL

Puede que tu esposo crea, realmente, estar diciéndote algo de lo cual tú sigues quejándote de no tener. Puede que él se sienta como "¿qué más quiere? Le dije que la quiero. Hice esto y lo otro y lo de más allá". Puede que estés viviendo en la torre de Babel. Ese fue el sitio donde se dividieron las familias de la tierra porque no podían entender el idioma del vecino. Siéntense y aprendan el lenguaje de cada uno antes que la frustración convierta su casa en la torre de Babel. En Babel se cesó de construir para comenzar a discutir. Si tú estás discutiendo es porque estás disgustada. A la gente que no le importa, no discute. ¡Nadie discute por aquello que dejará!

Pero cuando te acerques a tu marido, no lo acorrales. Háblale en un momento en el cual no se sienta interrogado. Te sorprenderá saber que a los hombres no les gustan los enfrentamientos abiertos. He visto a grandes y fornidos "machos" intimidados por esposas de cincuenta kilos de peso al preguntarles cómo iban a hacer algo que ellos temían que a ellas no les agradaría. Hasta los hombres que maltratan físicamente a sus mujeres, han tenido momentos en los cuales se sienten nerviosos de enfrentarse a ellas. Salomón escribió: *"Mejor es estar en un rincón del terrado, que con mujer rencillosa en casa espaciosa"* (Proverbios 25:24). A menos que estés tratando que se vaya, recuerda que puedes ganar la discusión pero perder el marido.

VIVIENDO EN PENTECOSTÉS

La comunicación del hombre es diferente, pero eso no quiere decir que no pueda aprender el método de comunicación de su esposa. Simplemente, estoy diciendo que los esposos debieran aprender a apreciar el lenguaje de uno y otro. Recuerda que he hablado brevemente de la fe aplicada al matrimonio. Pero, la fe llama a las cosas que no son como si fueran (Romanos 4:17). Entonces, todo lo que estés pensando hacer *cuando* él cambie, hazlo ahora. Hazlo por fe. Entonces, Dios convertirá tu torre de Babel en Pentecostés. En Pentecostés cada persona escuchó el mensaje en su propio idioma (Hechos 2:6). Oro para que Dios pueda interpretar el lenguaje de tu esposo y que tu amor sea productivo y frutífero.

DESNUDOS Y SIN SENTIR VERGÜENZA

> *"Mas Jehová Dios llamó al hombre, y le dijo: ¿Dónde estás tú? Y él respondió: Oí tu voz en el huerto y tuve miedo, porque estaba desnudo; y me escondí".*
>
> Génesis 3:9-10

¡Desnúdate! ¡Sácate todo! No, no tu ropa. Son las hojas de higuera lo que debes sacarte. El matrimonio es mejor cuando ambos pueden estar desnudos y no sentir vergüenza. Es importante que tu esposo se pueda desnudar, que se pueda sacar todo.

No hay descanso para el hombre que se esconde en su propia casa. Por eso Dios le preguntó a Adán "¿dónde estás?" Cuando el hombre es restablecido al lugar que le corresponde en su propia casa, la familia sale del caos. Mira cuál es la inclinación de los hombres en la exposición hecha por Adán para evitar la confrontación. Hay cuatro puntos en su confesión: a) escuché la voz. b) Tuve miedo. c) Estaba desnudo. d) Me escondí. Cuando las mujeres confrontan a los hombres, no es que ellos no oigan. Pero cuando el hombre tiene miedo de ser expuesto (quedar desnudo) tiene la tendencia a esconderse.

SÉ TRANSPARENTE

El matrimonio tiene que ser transparente. El temor no sanará, solamente te hará esconder. Así que, ambos, tú y tu marido, necesitan ser capaces de exponer sus vulnerabilidades sin temor o condenación. ¡Pobre el hombre que no tiene donde reclinar su cabeza!

"Y estaban ambos desnudos, Adán y su mujer, y no se avergonzaban".

Génesis 2:25

Voy a compartir algo con ustedes que sonará poco ortodoxo, pero oro para que le sea de bendición a alguien. Quiero parar en casa de Dalila (Jueces 16:4-20). Muchas mujeres no quisieran detenerse en su casa. ¡Pero muchos hombres, sí! Muchos no le tienen miedo a Dalila; a algunas mujeres no les gusta. Su moral es inexcusable, pero vale la pena discutir sus métodos. Hay algunas cosas importantes que toda esposa debiera aprender de la inmoral Dalila.

Todas las coloridas descripciones hechas por nuestros predicadores la han mostrado como una diosa voluptuosa. Dijeron que caminaba como un ondulante péndulo, fragante como el más rico incienso y sonriendo con el resplandor de un exquisito candelabro. Pero, en realidad, la Biblia no dice nada de la apariencia de Dalila. Ni se menciona su manera de vestirse, de maquillarse o peinarse.

¿Qué tenía esta mujer que era tan poderoso? ¿Qué era lo que atraía y cautivaba la atención del admirable Sansón?

¿Qué tenía esta mujer para que él volviese siempre a sus brazos?

¿Qué tenía esta mujer que, cuando los guerreros no pudieron agarrar a Sansón, el gobierno filisteo la llamó a ella debido a lo que ella sabía acerca de los hombres?

¿Y qué era lo que le atraía de ella a Sansón para volver a su cama aun sabiendo que ella estaba tratando de matarlo?

Sansón no podía dejarla, la necesitaba desesperadamente. ¿Cuál era esta "atracción fatal" del Antiguo Testamento?

¿DÓNDE PUEDE EL FUERTE RECOSTAR SU CABEZA?

Este análisis es para mujeres casadas con hombres en posiciones estresantes, hombres poderosos y llenos de proyectos, hombres que son la envidia de todos los que los rodean. Sansón era uno de ellos. Jesús describe muy bien el problema de estos hombres muy bien intencionados cuando dice: *"Las zorras tienen guaridas y las aves del cielo nidos, pero el Hijo del Hombre no tiene dónde recostar su cabeza"* (Lucas 9:58)

¿Dónde puede el hombre fuerte recostar su cabeza? ¿Dónde puede ser vulnerable? ¿Dónde puede sacarse la armadura y descansar un par de horas? Él no quiere escaparse; solamente necesita un descanso.

¿TU HOGAR ES UN SITIO DONDE EL FUERTE PUEDE RECOSTAR SU CABEZA?

¿Tu casa es un lugar donde se puede descansar? ¿Está limpio y ordenado? ¿Es cálido y acogedor? Si no es así, la casa de Dalila está lista. Y estoy seguro que ella tiene problemas, pero él no tendrá que resolverlos hasta que vuelva a casa después de pelear contra el enemigo. Ella sabe que él viene cansado, por lo que le dice: "Ven, recuesta tu cabeza sobre mi falda".

Sé que hemos descrito a Dalila tan carnal como una estrella pornográfica. Pero recuerda que la Biblia ni siquiera menciona la vida sexual de Sansón y Dalila. Estoy seguro que era un factor, pero Sansón había tenido relaciones sexuales anteriormente. Se había levantado de la cama de la prostituta de Gaza y luego hizo retroceder a los filisteos. No era ningún chico de secundaria cuya mente se obnubilara con nuevas ideas sexuales. No, él era un hombre fuerte.

¿POR QUÉ CAEN LOS FUERTES?

¿No fue David quien preguntó al fallecer Saúl "por qué caen los fuertes"? Bueno, dile a David que se lo pregunte a Dalila, y si no está en su casa, que se lo pregunte a su Betsabé.

Dalila sabía que los hombres son como niños en su interior. Son niños que han comenzado a vivir recibiendo las caricias de las mujeres. Ustedes son quienes les cantan las primeras canciones. Ustedes les dan el primer baño. Y cuando están cansados, reclinan sus agobiadas cabezas contra sus tibios pechos y se quedan dormidos. Ellos oyen sus dulces voces diciendo "hombrecito de mamá". Ustedes les hablan, los tocan y ellos se sienten a salvo en sus brazos; no criticados, no aislados sino a salvo. Dalila acariciaba a Sansón. Le hablaba. Le daba un lugar para que recostase su cabeza. Hasta Dios habita en el cuarto de un adorador dejando vagar los murmullos. Los hombres, creados a imagen de Dios, responden a los elogios. El elogio puede hacer actuar a un hombre cansado.

La mujer que sabe qué decirle a un hombre es difícil de resistir. Éste era el secreto de Dalila. Ella sabía que todos los hombres llevan un niño en su interior y que para todas sus lágrimas y temores necesitan los brazos de una mujer. Ellos necesitan sus palabras y su canción.

DALE TUS BRAZOS Y TU CANCIÓN

Nuevamente, el matrimonio es un ministerio. Hay mucho más involucrado en él que la realización egoísta. Cuando tu marido esté cansado, déjalo venir a casa y descansar. Dale tus brazos y tu canción. Permite que tu amor se concentre en dar y no en tomar. Cuando te casas con alguien te casas con todo lo que él es y todo lo que él ha sido. Tú heredas su fuerza, sus temores y su debilidad. Es imposible tomar las partes que quieres y dejar de lado las partes que no quieres. Es un paquete completo. Pero Dios garantiza la gracia de ministrarle a él. No te desesperes si no ves cambios inmediatos en él. Minístrale al niño que hay en él. Y recuerda que lleva tiempo que una herida, aunque sea pequeña, cicatrice. ¡La sanidad es un proceso y lleva tiempo! Dios te dará el aceite de la compasión y el dulce aliento de un amor sincero para echar en las heridas cotidianas de tu marido. Dale un lugar para que recueste su cabeza. Que él pueda contar contigo.

> *"Pero el casado tiene cuidado de las cosas del mundo, de cómo agradar a su mujer. Hay asímismo diferencia entre la casada y la doncella. La doncella tiene cuidado de las cosas del Señor, para ser santa así en cuerpo como en espíritu; pero la casada tiene cuidado de las cosas del mundo, de cómo agradar a su marido".*

1 Corintios 7:33-34

El matrimonio es un ministerio tal que el apóstol Pablo enseña que la mujer casada no puede llegar a ser muy "espiritual" porque se lo impide el ministerio del matrimonio. La palabra griega usada por "cuidado" en este pasaje *(merimano)* significa "estar muy ocupado, profundamente ansioso" (ver la Strong's Exhaustive Concordance of the Bible, #3309). Dios está diciendo por medio de Pablo "quiero que la casada se ocupe en complacer a su marido y viceversa".

HONRA LAS PRIORIDADES DE DIOS

Muchas mujeres casadas que dedican gran cantidad de tiempo compartiendo con mujeres solteras no se dan cuenta que su visión y disponibilidad debiera ser diferente. Tu ministerio como esposa no empieza ni en el centro comercial, ni en la guardería, sino en tu hogar y con tu marido. Ahora, no estoy implicando que la mujer debe encerrarse en la cocina y encadenarse a la cama. Estoy diciendo que las prioridades necesitan comenzar en la casa antes de volcarse en carreras, vocaciones e ir detrás de algún ministerio. Para la mujer que tiene "cuidado de", Dios la ungirá para triunfar en el ministerio del matrimonio. En el cielo no habrá matrimonio (ver Mateo 22:30). El matrimonio es para este mundo. Puesto que es una institución del mundo, la gente casada no puede separarse de las "cosas del mundo". Volviendo a las Palabras de Pablo en 1 Corintios 7:34, fíjate en la definición de la palabra griega *kosmos* traducida como "mundo" en nuestro texto.

> *"...la casada tiene cuidado de las cosas del mundo, de cómo agradar a su marido..."*

(V.34)

Pablo usa la palabra *kosmos* implicando que tiene que haber preocupación por el armonioso orden en la casa de la pareja casada. Dios da el don del matrimonio, pero tú tienes que decorarlo. Tienes que adornar tu relación o de lo contrario se convertirá en algo insípido para ti y para tu marido. La decoración no se da en donde no hay cuidado. Dios dice al respecto: "yo libero a la mujer casada del nivel de consagración que espero de la soltera para que ella pueda dedicar tiempo a decorar su relación".

Tienes un importante ministerio para con tu compañero. Puedo escuchar a alguien diciendo: "Está bien. Pero necesito dedicar tiempo con el Señor". Estoy de acuerdo con ello. Las Escrituras no dicen que las casadas tienen que ser carnales. Simplemente, establece ciertas prioridades. Donde no existen prioridades, hay un sentimiento abrumador de responsabilidad. Puedes consagrate siempre y cuando comprendas que has sido llamada a ser la compañera de tu marido. Cualquier cosa que elijas para decorar la relación es santo. Por lo tanto, no se nieguen el uno al otro en nombre de la espiritualidad. ¡Dios quiere que estén juntos!

> *"El marido cumpla con la mujer el deber conyugal, y asimismo la mujer con el marido. La mujer no tiene potestad sobre su propio cuerpo, sino el marido; ni tampoco tiene el marido potestad sobre su propio cuerpo, sino la mujer. No os neguéis el uno al otro, a no ser por algún tiempo de mutuo consentimiento para ocuparos sosegadamente en la oración; y volved a juntaros en uno, para que no los tiente Satanás a causa de vuestra incontinencia".*

1 Corintios 7:3-5

Si estás buscando alguien para que sea tu todo, no mires alrededor. ¡Mira para arriba! Dios es el Único que puede ser todo. Esperar la perfección de la carne, es pedirle a alguien que sea capaz de hacer lo que tú misma no puedes hacer.

ESTAR CASADA

Estar casada es tener una pareja: alguien que no siempre está presente, o a mano. Por otro lado, si cuando tienes algún problema no sabes a quién pedirle ayuda ¡puedes contar con tu marido! El matrimonio es tener a alguien en quien acurrucarse cuando el mundo parece volverse frío y la vida incierta. Es tener alguien que está preocupado por ti como cuando tus hijos se enferman. Es tener una mano que controla tu frente cuando no estás bien. Estar casado es contar con el hombro del otro cuando lloras mientras bajan a tus padres a la profundidad de la tierra. Es cubrir con una abrigada manta las rodillas arrugadas y de aquel que castañetea sin dientes.

Le dices a la persona con quien estás casada: Cuando me llegue la hora de irme de este mundo y la eternidad se lleve mis cumpleaños y mi futuro, es tu cara a la que le quiero dar el beso de despedida. Es tu mano la que quiero apretar mientras paso a la eternidad. Y mientras cae el telón sobre todo lo que intenté hacer y ser, quiero mirarte a los ojos y ver que fui importante para ti. No por lo que parezco. No por lo que hice o por el dinero que gané. Ni siquiera por lo talentoso que fui. Quiero mirar los húmedos ojos de alguien que me amó y ver que yo le importé.

UNA COMIDA PICANTE SERVIDA SOBRE UNA MESA TAMBALEANTE

Al concluir esta capítulo, espero que puedas identificarte con la bendición que es estar viva y lo que significa ser capaz de sentir y gustar la vida. Llévate el vaso a la boca y bebe profundamente de la vida. Es un privilegio el poder experimentar cada gota de tu relación matrimonial. No es perfecta, la imperfección la hace única. Estoy seguro que la tuya, como la mía, es una mezcla de días buenos, días tristes, y todos los retos que ofrece la vida. Pero espero que hayas aprendido conmigo como una auténtica relación es como una comida picante servida en una mesa tambaleante, llena de sueños y sufrimientos y momentos tiernos. Momentos que, en esos relámpagos de fracciones de segundos te hacen sonreír en secreto en medio del día. Momentos tan fuertes que nunca mueren, pero a la vez tan frágiles que desaparecen como las burbujas en un vaso.

No importa si tienes algo para envidiar o algo para desarrollar. Si puedes mirar hacia atrás y agarrar algunos momentos, o seguir sonriente el rastro de algún recuerdo ¡eres bendecida! Pudieras encontrarte en cualquier lugar haciendo cualquier cosa, ¡pero el *maitred'* te ha sentado a *una mesa para dos!*

CAPÍTULO DIEZ

Hija
de Abraham

Lo que Dios te da, quiere que lo multipliques en el útero del espíritu. Cuando lo des a luz será mayor que lo recibido.

reo que es importante que las mujeres sean sanadas y liberadas en su espíritu. Estoy emocionado viendo lo que Dios está haciendo. Creo que Dios se moverá de una manera fresca y grandiosa en las vidas de las mujeres.

Dios sabe cómo tomar y hacer un milagro de un gran desorden. Si estás en un lío no estés tan irritada ya que Dios es especialista en arreglar desórdenes. Dios dice algunas cosas definidas en cuanto a la liberación de la mujer para que pueda cumplir su propósito en el Reino de Dios.

Veamos nuevamente la mujer enferma del evangelio de Lucas, capítulo 13.

"Enseñaba Jesús en una sinagoga en el día de reposo; y había allí una mujer que desde hacía dieciocho años tenía espíritu de enfermedad, y andaba encorvada, y en ninguna manera se podía enderezar. Cuando Jesús la vio, la llamó y le dijo: Mujer, eres libre de tu enfermedad. Y puso las manos sobre ella; y ella se enderezó luego, y glorificaba a Dios. Pero el principal de la sinagoga, enojado de que Jesús hubiese sanado en el día de reposo, dijo a la gente: Seis días hay en que se debe trabajar; en éstos, pues, venid y sed sanados, y no en el día de reposo.

Entonces el Señor le respondió y dijo: Hipócrita, cada uno de vosotros ¿no desata en el día de reposo su buey o su asno del pesebre y lo lleva a beber? Y a esta hija de Abraham, que Satanás había atado dieciocho años ¿no se le debía desatar de esta ligadura en el día de reposo? Al decir él estas cosas, se avergonzaron todos sus adversarios; pero todo el pueblo se regocijaba por todas las cosas gloriosas hechas por él".

Lucas 13:10-17

Cuando el Señor comience a trabajar en ti, todos tus adversarios se avergonzarán. Todos tus acusadores quedarán abochornados. Toda la gente que contribuyó para que tuvieras una pobre autoestima se avergonzará cuando Dios comience a desatarte. Tú no tendrás que probar nada. Dios lo probará. Lo hará en tu vida. Cuando Él comience a demostrar que tú has hecho lo que correspondía y has llegado al lugar correcto, ellos bajarán la cabeza y sentirán vergüenza.

Ya hemos demostrado cómo esta mujer estaba tan atada por Satanás durante dieciocho años que ni siquiera podía pararse derecha. Tenía un pasado que la atormentaba. Pero Jesús le dio libertad. Él desató el potencial con que Satanás la había atado.

TU DILEMA

Muchas mujeres en la iglesia no han visto a Cristo como la respuesta a su dilema. Van a la iglesia, aman al Señor, quieren ir al cielo cuando mueran, pero aun así, no ven a Cristo como la solución a su problema. Frecuentemente, tratamos de separar nuestra vida personal de la vida espiritual. Muchos ven a Cristo como el camino al cielo y la solución espiritual para sus problemas, pero fracasan en ver que Él es la solución para todos los problemas de la vida.

¿Te imaginas cuán difícil sería la vida para la mujer encorvada? Debido a su problema, habrá tenido muchas dificultades para acercarse a Jesús. Somos pocos los lisiados en ese aspecto. Pero todos nos enfrentamos con limitaciones. Podemos estar encorvados por las finanzas. Podemos estar encorvados emocionalmente. Podemos estar encorvados por no tener autoestima. Jesús quiere ver que nos esforzamos para llegar a Él. Él quiere que lo desees tanto como para vencer los obstáculos y abrirte paso en su dirección. Él no quiere arrojarte las cosas que ni siquiera estás muy convencida de recibir. Cuando veas una persona con dificultades, abriéndose camino hacia Jesús, ten la seguridad que esa persona, verdaderamente, quiere ayuda. Ese tipo de deseo es el que se necesita para cambiar tu vida y Jesús es tu respuesta.

JESÚS ES LA RESPUESTA

Puedo buscar ayuda yendo de una persona a otra, pero sólo Él es la respuesta. Puede que esté enfermo mi cuerpo, pero Él es la respuesta. Si mi hijo muere, o está en drogas y necesito que mi hijo resucite, Jesús es la respuesta.

Si tengo problemas familiares con mi hermano que está en problemas, Jesús es la respuesta. No importa cuál sea el problema, Jesús es la respuesta.

Jesús tocó a esta mujer. Existe un lugar en Dios donde el Señor te tocará y habrá intimidad allí donde no la encuentras en otros sitios. Pero tienes que estar abierta para recibir su contacto. Si no lo puedes recibir de Él, te encontrarás en la misma situación de la mujer del pozo, quien buscaba gratificación física (Juan 4:18) Y buscas solamente lo físico cuando necesitas intimidad, lo que terminas teniendo es sexo, nada más. El sexo es un pobre sustituto de la intimidad. Es lindo con la intimidad, pero cuando es un sustituto de la intimidad, es frustrante.

Jesús conocía a esta mujer. Era el único que verdaderamente la conocía. Él la tocó y la sanó. Él desató el potencial en ella que había estado atado por dieciocho años. Puedes lograr cualquier cosa cuando vienes a Jesús. Desde ese momento eres invencible.

PALABRAS QUE OBSTRUYEN

Tus palabras han sido un obstáculo. Con frecuencia, quedas atrapada por las palabras de tu boca. Al enemigo le encanta destruirte con tus propias palabras. Satanás quiere usarte a *ti* para que pelees contra ti misma. Muchas de ustedes se han venido abajo por el poder de sus propias palabras y han torcido sus propias espaldas. El enemigo trabajó en contra de ustedes hasta dejarlas lisiadas. Pero ha llegado el momento de revertir su plan. Si has tenido la fuerza suficiente para encorvarte, tendrás también la fuerza necesaria para volver a enderezarte.

HOY ES EL DÍA PARA QUE TE ENDERECES

El Señor le dijo a esta mujer la verdad acerca de sí misma. Le dijo que estaba desatada y quedaba en libertad. Él vio la verdad a pesar de lo que veían los demás. Él vio que ella era importante.

A los críticos religiosos no les gustó lo que Jesús había hecho. Su poder dejaba al descubierto cuán frágil era la religión de ellos. Entonces lo acusaron de quebrantar la ley haciendo milagros en el día de reposo. Pero Cristo conocía su hipocresía, y para descubrirlos mencionó un hecho cotidiano. Todos valoraban sus pertenencias. Entonces, les recordó, que ellos desataban y llevaban a darle de beber a su asno en el día de reposo. Luego dijo que esa mujer era más valiosa que cualquier animal y que podía ser desatada de su sufrimiento y enfermedad sin importar qué día fuera.

DIOS ES TU LIBERTADOR

A veces el dolor se hace costumbre. Las malas relaciones a veces se hacen una costumbre. Los cambios no se producen rápidamente. Los hábitos y modelos de vida no se rompen fácilmente. A veces, mantenemos estas relaciones porque tememos los cambios. Pero, cuando vemos lo que valemos de acuerdo a como Jesús nos ve, reunimos el coraje para cambiar.

Él es tu defensa. Él te defenderá de las críticas. Ahora es el momento de enfocar tu atención en recibir el milagro y obtener el agua que no habías recibido antes. Él te está soltando para que puedas beber. No has bebido en dieciocho años, pero ahora puedes hacerlo. Con Jesús puedes beber.

¿Has sido una bestia de carga? Algunas de ustedes han sido un caballo de carga durante muchos años. La gente les ha tirado cosas encima y ustedes han tenido que apretar los dientes. Nunca han podido desarrollarse sin tensiones o sin tener que llevar un peso encima, no sólo por las circunstancias, sino por cuán intensamente las han afectado los hechos. Pero nuestro Dios es un libertador.

"Jehová es mi luz y mi salvación; ¿de quién temeré? Jehová es la fortaleza de mi vida; ¿de quién he de atemorizarme? Cuando se juntaron contra mí los malignos, mis angustiadores y mis

enemigos, para comer mis carnes, ellos tropezaron y cayeron. Aunque un ejército acampe contra mí, no temerá mi corazón; aunque contra mí se levante guerra, yo estaré confiado. Una cosa he demandado a Jehová, ésta buscaré; que esté yo en la casa de Jehová todos los días de mi vida, para contemplar la hermosura de Jehová y para inquirir en su templo."

Salmo 27:1-4

Tienes que llegar al punto en que deseas al Señor. La soltería del corazón se producirá con la liberación. Quizás hayas gastado todo tu tiempo y esfuerzo tratando de impresionar a alguien que se ha ido. Tal vez un viejo amor te dejó cicatrices. La persona puede que haya muerto y esté enterrada, pero tú sigues tratando de ganarte su aprobación.

Si este es el caso, puede que estés dedicada a una tarea infructuosa. Puedes estar comprometida en cosas y metas inalcanzables que no te satisfacen. Cristo debe ser tu ambición.

Lucas 13:13b dice: ...*y ella se enderezó luego, y glorificaba a Dios*. Cristo resolvió el problema de dieciocho años de tormento en un instante. Un momento con Jesús y se sanó. En algunas cosas no tienes tiempo de recobrarte gradualmente. En el momento en que conoces la verdad, eres libre. Cuando esta mujer conoció la verdad, inmediatamente quedó bien.

Una vez que te das cuenta que has sido desatada, sentirás un cambio repentino. Cuando vienes a Jesús, Él te motivará y te hará ver la otra mujer que hay en ti. Tienes que dejarla nacer.

Fíjate en el versículo 16 de Lucas 13:

"Y a esta hija de Abraham que Satanás había atado dieciocho años ¿no se le debía desatar de esta ligadura en el día de reposo?"

Jesús la llamó "hija de Abraham". Podía haber vivido encorvada pero seguía siendo hija de Abraham. Por lo tanto, no permitas que tu condición niegue tu posición.

La mujer fue desatada debido a quienes habían sido sus padres. Tenía muy poco que ver con quién era ella; la Biblia ni siquiera menciona su nombre. Hasta que lleguemos al cielo, no sabremos quién era ella. Pero sí sabemos *a quién* le pertenecía. Era una hija de Abraham.

LA FE OFRECE "IGUALDAD DE OPORTUNIDADES"

La fe ofrece igualdad de oportunidades. No hace discriminación. La fe trabajará para ti. Cuando te acerques a Dios, no temas por el hecho de ser mujer. Nunca te desanimes por eso cuando de buscarlo a Él se trata. Recibirás tanto de Dios como lo que creas. No podrás convencerlo, ni seducirlo, engañarlo o confundirlo. Dios no actuará debido a tu llanto o tu melancolía. Puede que me conmuevas a mí. Ciertamente que eso da resultado con el hombre, pero no funciona con Dios. Dios solamente acepta la fe.

Él quiere que le creas. Él quiere que hagas realidad la verdad que puedes hacer todo en Él (Filipenses 4:13). Él está tratando de enseñarte ahora mismo, para que cuando llegue el momento del verdadero milagro, tengas algo de fe. Dios quiere que tú entiendas que si puedes creerle, puedes pasar de la derrota a la victoria y de la pobreza a la prosperidad.

COMIENZA A CREER Y SÉ LIBRE

La fe es más que un hecho; es acción. No me digas que crees cuando tus obras no corresponden a tus convicciones. Si tu comportamiento no cambia, puede que sigas pensando que estás atada. Pero cuando finalmente comprendes que estás desatada, comenzarás a comportarte como si estuvieras libre.

Cuando quedas suelta, puedes ir a cualquier parte. Si tengo la punta de una soga atada a mi cuello, puedo caminar hasta donde me dé el largo de la cuerda. Pero una vez que estoy desatada, puedo ir tan lejos como lo desee. Eres libre; eres íntegra. Puedes ir donde desees.

Hebreos 11 es el hall de los "héroes de la fe". Enumera grandes hombres de Dios que creyeron y lograron grandes cosas. A Abraham se le da suma importancia en este capítulo. Es reverenciado por millones como el padre de la fe. La Biblia dice que es el primer hombre en la historia que le creyó a Dios hasta el punto que le fue contado por justicia. Él fue salvo por fe. Jesús dijo que la mujer enferma era hija de Abraham. Por ser su hija, era digna, tenía el mérito debido a que era descendiente de Abraham, el padre de la fe.

DOS HÉROES DE LA FE

Hay dos mujeres mencionadas en el capítulo 11 de los "héroes de la fe" del libro de Hebreos que contrastan en su fe. Sara, la esposa de Abraham y Rahab, la prostituta de Jericó. ¿No es interesante que una mujer casada y una prostituta estén en la "sala de los famosos" de Dios. Una santa, limpia y devota mujer y una prostituta están en el mismo libro. Puedo entender por qué fue incluida Sara ¿pero por qué habrá sido homenajeada esta mujer? La respuesta es: la fe. Ella figura en la lista porque Dios honra la fe. Eso fue lo único que Sara y Rahab tenían en común; nada más.

La Biblia no dice si Rahab tenía marido. Ella tenía toda la ciudad. Sara se quedaba en la tienda tejiendo escarpines. Ella iba donde iba su marido y lo cuidaba. Sus vidas no tenían nada en común excepto por la fe. Dios vio en Sara lo mismo que vio en Rahab. Por lo tanto, no aceptes la excusa que como has llevado una vida como la de Rahab no puedes vivir la misma experiencia.

RAHAB Y SARA

Dios quiere que le creas. Haz una decisión y mantente firme. Rahab decidió dar un paso en favor del pueblo de Dios. Escondió a los espías. Tomó su decisión basada en su fe. La fe es un hecho y la fe es acción. Rahab tomó acción porque creyó que Dios la liberaría cuando cayese Jericó en manos de los israelitas.

Sara recibió fuerza para llevar adelante el embarazo y dar a luz un hijo cuando no estaba en edad de concebir. Ella tomó acción porque creyó que era fiel quien lo había prometido (Hebreos 11:11). Ella no concibió y pasó por todo el proceso de alumbramiento debido a sus circunstancias, sino debido a su fe. Sara le creyó a Dios. Dios quiere que tu fe se desarrolle. Más allá de tu posición y tu pasado, Dios levanta a la gente en igualdad de condiciones. La fe brinda las mismas oportunidades para todos. No importa cuantos errores hayas cometido, Dios seguirá honrando tu fe. Ya ves, puede que tú hayas arruinado las cosas, pero Dios está todavía ocupado en la tarea de restaurar vidas quebrantadas. Puede que hayas sido como Rahab, pero si le puedes creer a Dios, Él salvará tu casa. Como sabes, Él no la salvó solo a ella. Dios salvó a su familia completa. Todas las demás casas de Jericó quedaron destruidas. La única casa que Dios salvó en la ciudad fue la casa donde vivía la prostituta.

SÓLO FE

Puede que hayas pensado que Él salvaría la casa de alguna agradable señora. Quizás Él hubiese salvado la cabaña que alojaba a alguna viejecita o la casita de una viuda llena de petunias en la vereda.

Pero Dios salvó la casa de la prostituta. ¿Por qué lo hizo? Por la fe. Eso fue lo que movió a Dios.

Si tú crees que tu pasado te impide seguir adelante con Dios, es porque no has comprendido todavía el valor de la fe. Lo que Dios pide de ti es fe. Algunas vivirán limpia y separadamente sus vidas. Tal vez estés orgullosa de lo santa que eres. Pero, aun así, Él sigue honrando la fe.

Si quieres tomar las cosas de Dios, no lo lograrás debido a tu estilo de vida sino que será por tus convicciones. Dios sana a algunas personas que ni siquiera eran salvas. Eran pecadores. Tal vez, algunos de ellos, nunca se salvaron, pero se sanaron porque creyeron en Él. Lo que mueve a Dios es la fe. Si tú le crees, Él se moverá en tu vida de acuerdo a tu fe, no de acuerdo a tu experiencia. Había algo en la casa de Rahab que era valioso para Dios. Había fe. Por eso Dios la protegió del fuego.

También salvó sus cosas. Cuando arrasó el fuego, Rahab era la mujer más rica de toda la ciudad. Ella fue la única mujer de todo el pueblo dueña de una propiedad. Dios también salvará tus finanzas. Solamente créele.

CINCO HERMANAS

En el Antiguo Testamento aparece un grupo de cinco hermanas que prueba que Dios está interesado en lo que les pasa a las mujeres.

"Vinieron las hijas de Zelofehad hijo de Hefer, hijo de Galaad. hijo de Maquir, hijo de Manasés, de las familias de Manasés hijo de José, los nombres de las cuales eran Maala, Noa, Hogla, Milca y Tirsa; y se presentaron delante de Moisés y delante del sacerdote Eleazar, y delante de los príncipes y de toda la congregación a la puerta del tabernáculo de reunión, y dijeron: Nuestro padre murió en el desierto; y él no estuvo en la compañía de los que se juntaron contra Jehová en el grupo de Coré, sino que en su propio pecado murió, y no tuvo hijos".

Números 27:1-3

Maala, Noa, Hogla, Milca y Tirsa eran cinco mujeres que se habían quedado solas. No había quedado ningún hombre en su familia. Su padre era rico pero no tenía hijos varones. Pero en aquel entonces a las mujeres no se les permitía tener propiedades o recibir herencia, excepto por sus maridos. Solamente los hombres podían poseer propiedades. Pero ellas le presentaron su caso a Dios por medio de Moisés.

"¿Por qué será quitado el nombre de nuestro padre de entre su familia, por no haber tenido hijo? Danos heredad entre los hermanos de nuestro padre".

Números 27:4

Ellas apelaron a Moisés en busca de ayuda basándose en quién había sido su padre. Ellas le declararon su caso viéndolo como la autoridad representativa de Dios. Estas mujeres no podían entender el motivo por el cual no podían tener la fortuna de su padre por el hecho de haber nacido mujeres. De no haber sido por su insistencia, sus tíos hubiesen recibido toda la fortuna de su padre y ellas hubiesen quedado pobres y desamparadas, recibiendo solamente lo que los demás les diesen.

HIJAS DE ABRAHAM

Pero estas mujeres eran hijas de Abraham. Si tú quieres que el enemigo te suelte, recuérdale de quién eres hija. Nadie las hubiese oído si no hubiesen hecho una reunión para presentar su caso. Tal vez tú, que tienes dificultades, debas convocar una reunión. Ponte en contacto con personas que estén en autoridad y reclama lo que quieres, o no lo obtendrás. Habla por ti misma. Ellas no entendían por qué eran discriminadas por ser mujeres.

¿TIENES QUE CONVOCAR A REUNIÓN?

Una de las razones por las cuales las hijas de Zelofehad pudieron presentar su caso era porque tenían razón. Ya era hora de enseñarle al pueblo de Dios que las mujeres tenían valor. Las hijas de Abraham tienen valor. Ellas no esperaron que un hombre las defendiera; ellas tomaron acción en fe. Y Dios las vio. Dios vio la fe en ellas.

> *"Y Moisés llevó su causa delante de Jehová. Y Jehová respondió a Moisés diciendo: Bien dicen las hijas de Zelofehad; les darás la posesión de una heredad entre los hermanos de su padre, y traspasarás la heredad de su padre a ellas".*

Números 27:5-7

Cuando Moisés escuchó el caso de las hermanas, no supo qué hacer, por lo que le consultó a Dios. Las mujeres fueron vindicadas. Si hubiesen fallado, seguramente toda la buena gente de Israel que no se atrevía a enfrentar a ese Moisés de esa manera, se hubiese burlado de ellas. Pero en cambio, ellas lograron su objetivo y recibieron la fortuna de su padre. Dios no hace acepción de personas. La fe se basa en la igualdad de oportunidades.

TÚ ERES HIJA DE ABRAHAM

Como la mujer enferma, si tienes fe, tú eres hija de Abraham. Tú quieres recibir la herencia de tu padre. ¿Por qué te quedas ahí sentada cunado tu Padre celestial te ha dado todas las cosas? No recibirás tu herencia hasta que no la pidas. ¡Reclama lo que tu Padre te ha dejado! Todo lo que Dios te ha dejado en sus promesas es tuyo. Reclámalo.

No te quedes sentada esperando que alguien tome por ti lo que es tuyo. Nadie viene. Aquel que tenía que venir ya vino. Jesús dijo: *"Yo he venido para que tengan vida y para que la tengan en abundancia"* (Juan 10:10). Eso es todo lo que necesitas.

DEJA QUE TU FE HABLE

El poder de recibir está en tu lengua. Por lo tanto, si te quedas sentada murmurando, quejándote y protestando, estás usando la lengua en contra tuya. Tus palabras te pueden mantener encorvada y lisiada. Te puedes estar destruyendo con tus palabras. Abre tu boca, di cosas buenas acerca de ti y ponte de pie. Estabas usando tu boca en tu contra y en contra de todas las mujeres que te rodeaban ya que las tratabas igual que como te tratabas a ti. Entonces, abre tu boca ahora y comienza a pronunciar palabras de liberación y poder. No estás derrotada. Eres hija de Abraham.

PIDE TU HERENCIA

Cuando comienzas a hablar correctamente, Dios te dará lo que pidas. Pero debes decir que lo deseas. Jesús dijo: *"Y todo lo que pidieres en oración, creyendo, lo recibiréis"* (Mateo 21:22). Dios te legó algo. Tu Padre te dejó una herencia. Y si Dios bendice a los hijos de Abraham, seguramente, Él bendecirá a las hijas de Abraham.

De acuerdo a Juan 14:13, Dios te dará cualquier cosa que le pidas. Te dará un sueño. Él te hará cabeza y no cola (Deuteronomio 28:13). El poder de Dios pondrá todo debajo de tu pie. Créele por tu familia. Dios liberará. No necesitas un amante viejo y rico. Tienes a Jehová-Jiré, el mejor proveedor del mundo que jamás se haya conocido.

"Pues todos sois hijos de Abraham por la fe en Cristo Jesús".

Gálatas 3:26

Las mujeres son tan hijas de Dios como los hombres. Todo lo que Dios quiere hacer por un hombre, lo hará por una mujer. No estás en desventaja. Puedes recibir una herencia como cualquier hombre. Generalmente, los hombres no lloran por estar solteros, ellos siguen adelante con la vida y se mantienen ocupados. Lo mismo tiene que ser contigo. No existe ninguna razón para que la mujer no esté completa en Dios sin tener un marido.

Pero, si decides tener marido, la motivación para casarte debe ser correcta. No te dejes llevar por la desesperación, casándote con quien no desees realmente. Te atarás a alguien inmaduro y cargarás con tres niños. Luego tendrás cuatro. Esa no es forma de vivir. Necesitas alguien con determinación y hombros. Necesitas casarte con alguien que te sostenga, te fortalezca, te edifique y esté contigo cuando las tormentas de la vida arrecien. Si quieres un hombre lindo, cómprate una fotografía. Pero si quieres ayuda, cásate con un hombre de Dios.

> *"Porque todos los que habéis sido bautizados en Cristo, de Cristo estáis revestidos. Ya no hay judío ni griego; no hay esclavo ni libre; no hay varón ni mujer; porque todos vosotros sois uno en Cristo Jesús".*

Gálatas 3:27-28

Aquellas mujeres israelitas de la antigüedad, las hijas de Zelofehad, pensaron que era una desgracia morirse de hambre al tomar en cuenta quién había sido su padre. Rahab era una prostituta hasta que halló la fe. Pero una vez que obtuvo la fe, no volvió a su antigua profesión. La mujer enferma andaba encorvada hasta que Jesús la tocó. Pero una vez que Él la tocó, se puso de pie.

CAMINA CON LA CABEZA ERGUIDA

Te has revestido de Cristo. Por lo tanto, no hay razón para andar encorvada después de haber recibido el toque de su mano. Puedes caminar con respeto, a pesar de haber tenido fracasos en el pasado. No es lo que la gente dice de ti lo que te hace diferente, sino lo que tú dices de ti misma y lo que Dios ha dicho de ti lo que realmente vale. Sólo porque alguien te llame tramposa no significa que tienes que actuar como tal. Rahab caminó con la cabeza erguida. Puedes encontrar su nombre mencionado en el linaje de Jesús. Ella pasó de prostituta a tatarabuela de nuestro Señor y Salvador Jesucristo. No puedes hacer nada con lo que has sido, pero sí puedes cambiar a donde vas.

DEJA DE PONER EXCUSAS

A Dios no le interesa la raza. A Dios no le interesa si eres negra. Puede que pienses: "mi pueblo vino en balsa y recogió algodón en una plantación". Pero eso no hace ninguna diferencia. La respuesta no está en ser blanca. Los verdaderos beneficios espirituales no se dan por el color de tu piel. No es el color de tu piel lo que te traerá liberación y ayuda de parte de Dios, sino el contenido de tu corazón.

Algunos de nosotros tenemos problemas particulares basados en el lugar de procedencia y debemos luchar con ello. Dios dice que no hay judío ni griego. No existe una iglesia negra. No existe una iglesia blanca. Hay una sola iglesia comprada con la sangre del Cordero. Somos uno en Cristo Jesús.

Puede que hasta hayas nacido con una cuchara de plata en la boca, pero eso no hace ninguna diferencia. En el reino de Dios, el nivel social no significa nada. Rahab puede estar mencionada al lado de Sara debido a que si tú crees, Dios bendice. La fe es lo único en este mundo donde existe igualdad de oportunidades. Todos pueden venir a Jesús.

"...No hay hombre ni mujer..." (Gálatas 3:28). Dios no mira tu sexo. Él mira tu corazón. Él no mira la moralidad y las buenas obras. Él mira la fe que hay en ti. Dios está mirando tu corazón. Tú eres espíritu y los espíritus no tienen sexo. Por eso los ángeles no tienen sexo; sólo son espíritus ministradores. No pienses en los ángeles en términos de sexo. Se pueden manifestar como hombres, pero son espíritus ministradores. Somos todos uno en Cristo Jesús. Cristo vio el valor de la mujer enferma porque ella era hija de Abraham. Ella tenía fe. Él también te desatará a ti de los sufrimientos padecidos y de las frustraciones que te han atormentado. La fe brinda igualdad de oportunidades. Si te atreves a creer que eres hija de Abraham, encontrarás el poder para pararte derecha y ser desatada. Se liberará el potencial que ha estado atado.

CAPÍTULO ONCE

Una mujer
sin excusa

Muchos ven a Jesús como un camino al cielo y como la solución a los problemas espirituales, pero no ven que Él es la solución para todos los problemas de la vida.

a actitud afecta nuestra manera de vivir. Una buena actitud puede hacernos triunfar. Pero una mala actitud puede destruirnos. La actitud es el resultado de la perspectiva. Estoy seguro que comprendes lo que es la perspectiva. Pareciera que todo el mundo tiene una perspectiva diferente. Depende de cómo veamos la vida y la manera en que veamos la vida depende de nuestra historia.

Los acontecimientos del pasado pueden inducirnos a ver la vida desde una perspectiva distinta a la de Dios. La niñita que ha sido violada aprende a defenderse no confiando en los hombres. Esta actitud defensiva, generalmente, se extiende hasta la edad adulta. Si nos hemos protegido de determinada manera en el pasado con cierto grado de éxito, entonces, es natural que sigamos usando ese patrón de conducta toda la vida. Debemos aprender cómo mirar más allá de nuestra perspectiva para cambiar viejas maneras y conductas.

La mujer enferma que fue sanada por Jesús, quedó completamente bien después que Él la tocó. Ella no había podido hacer nada por sí misma, por mucho que había intentado, pero Jesús la desató. Él le sacó una pesada carga de encima y le dio libertad. Hoy en día, muchos de nosotros tenemos que deshacernos de cosas, o dejar ciertas cargas. No nos vamos a desempeñar de manera efectiva hasta que no nos liberemos de esas cargas. Podemos funcionar hasta cierto punto bajo un peso, pero no podemos funcionar tan efectivamente como debiéramos si nos quitaran esa carga. Quizás algunas de ustedes, ahora mismo, cargan cosas que las aplastan.

Ustedes tienen que encomendar sus vidas a Dios para tener la fortaleza de funcionar bajo presión. Desafortunadamente, con frecuencia, llevamos el peso de nuestras cargas solos, ya que no nos sentimos libres como para contarle a nadie acerca de nuestros conflictos. Cualquiera que haya sido tu carga, ya sea chica o grande, has ido contra la corriente.

¿TUS PROBLEMAS SE HAN CONVERTIDO EN UN MANTO DE SEGURIDAD?

Dios quiere que nos liberemos de las cargas. Mucha gente vive en relación de dependencia. Otros están anestesiados por sus problemas debido al largo tiempo que hace que los padecen. Quizás te hayas acostumbrado tanto a tener problemas que hasta cuando tienes la oportunidad de liberarte, encuentras difícil hacerlo. Los problemas se pueden llegar a convertir en un manto de seguridad.

Pero Jesús derribó las excusas de aquella mujer. Él dijo: *"mujer, eres libre de tu enfermedad"*. Durante dieciocho años aquella mujer había tenido una excusa debido a su discapacidad, pero en el momento que Jesús le dijo que se había acabado su problema, la mujer ya no tenía más excusa.

ENDEREZA TU ACTITUD

Antes de salir de tu problema, necesitas enderezar tu actitud. Hasta que tu actitud no sea la correcta, no puedes corregirte.

¿Por qué ponemos rampas y pasamanos para los discapacitados si podemos sanarlos? Tú quieres que todo el mundo tome en cuenta tu problema, pero tu problema tiene que tomar en cuenta a Dios y humillarse hasta el punto en el que no necesites ayuda especial. No me refiero a discapacidades físicas; me refiero al bagage emocional que nos separa de la sanidad. No puedes esperar que toda la raza humana se movilice debido a que tú tuviste una triste infancia. No lo hará. Terminarás con una depresión, frustrada y hasta confundida. Hasta tendrás problemas en tus relaciones porque la gente no se acomoda a tu dificultad.

Una mujer, a quien yo pastoreaba, era extremadamente detestable. Me traía profundos problemas, por lo que le llevé el asunto a Dios en oración. El Señor me permitió conocer a su marido. Cuando vi la manera tan desagradable en que él la trataba, entendí el motivo por el cual ella era tan hostil. Eso era todo lo que ella recibía. Tú no puedes dar algo que no tienes.

UN ASUNTO DE VIDA O MUERTE

Cristo quiere separarte de la fuente de amargura hasta que ya no tengas la misma actitud que te hace ser un cargamento de dolor. Tu actitud afecta tu situación. Tu actitud te dará vida o muerte.

Una de las mayores liberaciones que puede recibir un ser humano es la de ser liberado de su actitud. De nada te servirá ser liberada de tu mala situación financiera si no cambia tu actitud. Puedo darte $5.000 pero si tu actitud, tu perspectiva mental, no cambia, estarás quebrada en una semana porque los volverás a perder. El problema no es cuánto tienes sino qué haces con lo que tienes. Si puedes cambiar de actitud, puedes tener solamente $50 pero con esos $50 puedes aprender a hacer $5 millones.

Cuando Dios viene a sanarte, Él quiere sanarte las emociones también. A veces, por lo único que oramos es por nuestra situación. Le traemos a Dios nuestra lista de deseos. Arreglar las circunstancias es como aplicar un vendaje. La sanidad de las emociones libera a la gente para poder recibir integridad.

La mujer encorvada por dieciocho años fue liberada de su enfermedad. La Biblia dice que se enderezó y glorificó a Dios. Tuvo una nueva actitud. Pero, el enemigo intentó derrotarla usando a la gente que la rodeaba. Satanás no quiere que tú te sanes y seas fuerte. Y él mandará otra circunstancia que te derrumbará en el mismo sentido, a no ser que cambies de actitud.

Cuando lees por primera vez acerca de esta mujer, puede que pienses que la gran liberación que recibió fue física. Pero quiero señalar otra liberación que fue mayor aun. La Biblia dice que cuando el Señor extendió la mano hacia ella, se enderezó. Esa es una liberación física. Luego, cambió también su actitud. ¿Cómo? Comenzó a alabar y a dar gracias y a adorar al Señor. Esta mujer comenzó a dar brincos, a regocijarse y a magnificar a Dios dando gritos de victoria, como ninguna otra persona que hubiese sido liberada de una enfermedad de dieciocho años de duración. Pero mientras estaba glorificando a Dios aquí, el enemigo estaba levantando contienda por allí. Esa es la manera en que Satanás actúa. Pero ella siguió glorificando a Dios. Ella no dejó de alabar a Dios para contestarle a sus acusadores.

ALABANZA DEFENSIVA

El Señor es tu defensa. Tú no tienes que defenderte. Cuando Dios te libera, no dejes de hacer lo que estás haciendo para responderle a tus acusadores. Continúa bendiciendo su nombre ya que no quieres que tu actitud sea defensiva. Cuando has pasado por dificultades, no resistes los cambios de humor y la mala predisposición. La depresión y la actitud defensiva te pueden hacer vulnerable al diablo.

Esta mujer se tuvo que proteger estando en alabanza defensiva. No era solamente alabanza de gratitud, era alabanza defensiva. La alabanza defensiva es una postura y una actitud de guerra que dice: "No vamos a permitir que nuestra actitud tire todo abajo haciéndolo fracasar".

Cuando llegas al punto de dejar de defenderte a ti misma y dejas de atacar a los demás, abres una puerta al Señor para que Él pelee por ti.

Cuando esta mujer comenzó a alabar a Dios, levantó paredes alrededor de su liberación. Ella decidió cuidar la actitud que le permitiese mantener la liberación. Cuando has pasado una operación quirúrgica, no puedes arreglarte con simples venditas.

DIOS TE SACARÁ

Cuando estés en problemas, Dios se meterá en el caos y te sacará. Pero tienes que ser lo suficientemente fuerte como para no dejar que la gente te arrastre hacia atrás. Cuando Dios te desata, no dejes que nadie te atrape en peleas religiosas. Continúa alabando a Dios. Para esta mujer, cuanto más la criticaban, más quedaba justificada ya que se mantuvo firme creyendo en el Señor. Dios está tratando de llevarte a un lugar de fe. Él está tratando de liberarte de una actitud negativa. Cuando has tenido problemas durante muchos años, tiendes a esperar problemas. Dios debe haber sanado las emociones de esta mujer también porque ella siguió alabándolo en vez de prestar atención a las peleas de los religiosos que la rodeaban. Podía haber caído en pensamientos negativos. Pero en lugar de ello, alabó a Dios.

¿Te puedes imaginar lo que hubiese pasado si hubiese dejado de glorificar a Dios y hubiese comenzado a discutir con ellos? De haber sido así, la cosa hubiese terminado en una pelea. Pero ella estaba agradecida y determinada a expresar esa gratitud.

DEJA QUE CAIGAN LAS PAREDES

El Señor quiere darte una palabra de fe. Él quiere liberarte de todos los poderes que te han mantenido atada. Pero para que puedas recibir eso en tu espíritu, debes dejar que Él entre en tu ser y te dé fe. Las paredes emocionales que nos rodean tienen que derribarse.

El amor es eterno. No está limitado por el tiempo. Cuando te comprometes a amar a alguien, lo haces con la persona completa. Tú eres quien eres debido a tu pasado. Para mí, eso significa que quiero a mi esposa y lo que ella ha llegado a ser. Pero para poder amarla efectivamente, ella debe permitirme formar parte de su historia personal.

Muchas parejas discuten por cosas insignificantes. Con frecuencia, la razón por la cual estas cosas son importantes es que uno u otro se acuerda de alguna situación pasada. ¿Cómo puede una persona amar a otra si ésta desconoce su pasado?

ESTRECHANDO EL ACERCAMIENTO

La iglesia ha llegado a ser demasiado limitada en su manera de encarar las actitudes. Queremos mantener nuestra actitud y entregársela a Dios. Aunque, verdaderamente, debemos entregársela a Él, también debemos aprender "a soportar las cargas los unos de los otros" (Gálatas 6:2).

Mucha gente anda en temor. La iglesia podría darles fortaleza para contrarrestar ese temor. Pero miles de personas han levantado un muro alrededor de sí mismos porque no confían en nadie. La iglesia podría ayudar a sus miembros a confiar los unos en los otros. Mucha gente es dependiente y basa su valía personal en la relación que mantiene con otra persona. La iglesia podría apuntar hacia el amor de Dios como la fuente de valía personal. Debemos ayudar a nuestros miembros a comprender que no somos valiosos porque amamos a Dios; somos valiosos porque Él nos ama.

Jesús le quitó a la mujer enferma todas sus excusas y le dio fortaleza para mantener una actitud de gratitud y alabanza. Hoy en día, la iglesia tiene que ser la misma clase de cielo seguro que haga lo mismo. Las personas heridas debieran poder venir a la iglesia y encontrar fortaleza en nuestra alabanza.

TEN UNA ACTITUD DE GRATITUD

La gratitud y la alabanza defensiva son contagiosas. Aunque la Biblia no lo especifica así, me imagino que la gente que vio lo que pasó el día que Jesús sanó a la mujer enferma, también fue presa de la alabanza. La iglesia debe encontrar sitio para unirse en alabanza cuando en nuestro medio, los quebrantados son sanados. Los que aquel día se perdieron la gran bendición fueron los que decidieron discutir sobre religión.

La Biblia describe el cielo como un lugar donde los ángeles se regocijan cuando un pecador se arrepiente (Lucas 15:10). Ellos se regocijan cuando Jesús sana a los quebrantados de corazón. Del mismo modo, el pueblo de Dios se tiene que regocijar cuando los quebrantados de corazón y los heridos vienen a Él.

Aquel día, Cristo liberó a la mujer atada por la enfermedad. Él sanó su cuerpo y le dio la fortaleza de carácter para que tuviese la actitud correcta. La mujer que hoy en día está herida y quebrantada también podrá encontrar poder liberador en ella cuando responda al llamado y le traiga sus heridas al Gran Médico.

CAPÍTULO DOCE

La auténtica belleza de la mujer

No es lo que la gente dice de ti lo que te hace diferente, sino lo que tú dices de ti misma y lo que Dios ha dicho de ti; eso es lo que importa.

stamos fascinados con la belleza. Hay concursos de toda clase para determinar quién es la más bella de todas. Los publicistas gastan millones de dólares para promocionar a las concursantes. La industria de la belleza es una de las mayores en Estados Unidos de Norteamérica. Las mujeres gastan grandes sumas de dinero en maquillaje, ropa de moda y joyas. Los cirujanos plásticos están muy ocupados cortando y estirando carne de sobra y remodelando las facciones para que la gente sea más atractiva.

Pero, más allá de todo esto ¿cuál es la auténtica belleza de la mujer? ¿Qué es lo que la hace verdaderamente atractiva? Muchas no se sienten atractivas porque no tienen la imagen que les gustaría. Otras viven frustradas al no lograr que alguien note cuán atractivas son. Ningún científico pudo jamás crear una mujer. Ningún médico pudo nunca hacer una mujer. Y ningún ingeniero pudo jamás construir una mujer. Pero Dios hizo algunas mujeres delicadas. Y, según Él, no tienes que parecerte a ninguna de las que hacen los comerciales por televisión para ser bella. Nadie se queda en los veintiuno para siempre.

COMIENZA POR VALORARTE A TI MISMA

Debemos aprender a darle gracias a Dios por quiénes somos. No seas una tonta, llorando al ver por televisión que no te pareces a la chica que abre la ventana en el espectáculo de preguntas y respuestas. No se supone que te parezcas a ella. Si Dios hubiese querido que así fuera, Él te hubiese hecho como ella. Anímate; Dios te enviará a alguien que te apreciará como eres.

Y mientras esperas a esa persona, comienza a apreciarte a ti misma. Recuérdate a ti misma: "soy valiosa para Dios. Soy alguien. No voy a permitir que nadie me use, o se abuse o me maltrate como si yo no fuese nadie. Sí, he pasado por momentos difíciles. He sufrido y me he encorvado vencida. Pero el Señor me ha tocado y me ha liberado y ahora glorifico a Dios y no vuelvo al lugar de donde vine".

Como mencioné anteriormente, hay una importante lección que aprender del relato de Sansón y Dalila (Jueces 16). Los filisteos eran sus enemigos, pero no iban a matar a Sansón hasta no hallar una puerta. La puerta fue Dalila. La Biblia dice que Sansón amaba a Dalila y que estaba tan perdidamente enamorado que era vulnerable. No fue la belleza de Dalila lo que lo cautivó. Ni siquiera fue su sensualidad lo que destruyó a Sansón. Sansón había conocido bellas mujeres con anterioridad. Había dormido con prostitutas. No era solamente el ejercicio sexual lo que le permitía a esta mujer tener agarrado a Sansón sino lo que yo llamo *el síndrome de Dalila*. No hay nada en la Escritura que pruebe que Dalila era linda. Tal vez lo fuera, pero lo que ella tenía era que conocía al hombre.

LA VIDA NO ES UN CUENTO DE HADAS

La belleza y la atracción sexual no son las áreas en las que hay que concentrarse. Porque cuando te concentras en las áreas equivocadas, no obtienes los resultados correctos. Hoy en día, la sociedad enseña que si tienes el pelo adecuado, el rostro adecuado, la figura adecuada, la ropa adecuada y el auto adecuado, entonces, conseguirás el hombre adecuado. Una vez que tienes estas cosas, esperas tener también la casa adecuada, los hijos adecuados, vivir la vida adecuada y feliz para siempre. Pero esto no es verdad. La vida no es un cuento de hadas.

Dios ha puesto algo en el espíritu de la mujer que el hombre necesita más que todo lo que Dios ha puesto en su cuerpo. Si una mujer sabe quién es interiormente, sin importar su aspecto exterior, no tendrá ningún problema para atraer un hombre. Si ella sabe su valía, cuando esté delante de él, el hombre la recibirá.

ADORNOS SIN VALOR

El enemigo quiere que te concentres tanto en tu apariencia exterior que no te des cuenta de tu belleza interior, tu fortaleza interna, tu gloria. Tu verdadero valor no se compra, aplica, agrega, se cuelga de las orejas o del cuello. Tu verdadera fortaleza es algo más que una mera apariencia exterior adornada para los hombres. Lo que realmente hace que un hombre necesite de ti desesperadamente, que desee estar a tu lado, no es lo que tienes por fuera sino lo que eres por dentro.

Debes darte cuenta lo que Dios ha puesto en ti. Cuando Dios hizo a la mujer, Él no decoró tu exterior. Él adornó el interior de la mujer. Él le puso belleza en su espíritu.

Las Escrituras hablan de no tener adornos externos de oro, plata y lujosos atavíos. La iglesia tomó ese pasaje y formuló una doctrina legalista declarando que no hay que usar joyas, maquillaje o vestidos de cierto tipo. A veces somos tan negativos. Es más, hemos estado tan ocupados en las cosas negativas que no hemos oído las positivas de lo que Dios dice. Dios dice que ha adornado el interior de la mujer.

UNA PALABRA A LAS ESPOSAS "HERMOSAS"

"Asimismo vosotras, mujeres, estad sujetas a vuestros maridos".

1 Pedro 3:1a

Mira que este versículo no dice que las mujeres deben estar sujetas a todos los hombres, sino tan sólo a sus propios maridos. Dios no te ha hecho sierva de todos los hombres. Tienes el derecho de elegir a quién quieres sujetarte... y, por favor, hazlo con mucho cuidado.

"...para que también los que no creen a la palabra, sean ganados sin palabra por la conducta de sus esposas".

1 Pedro 3:1b

La *conducta* se refiere al estilo de vida. No vas a ganar a tu marido por tus palabras sino por el adorno interior de la belleza de tu estilo de vida. Él verá cómo eres, no lo que dices. Él verá cómo actúas. Él verá tu actitud. Él verá tu disposición. El verdadero problema con muchas mujeres creyentes de hoy en día es que con la misma boca que usan para testificarle a sus maridos, frecuentemente están maldiciendo a otros. No puedes testificar y ganar un hombre al mismo tiempo que te oye chismear de otras personas.

"Considerando vuestra conducta casta y respetuosa".

1 Pedro 3:2

Este próximo versículo de 1 Pedro no dice nada sobre el color rubí de tu lápiz de labio o tu máscara para las pestañas de $25. Dice que tu esposo verá tu comportamiento, tu estilo de vida, tu casta conducta. *Casta* significa pura. Las esposas pueden ganar a sus maridos siendo respetuosas.

"Vuestro atavío no sea el externo de peinados ostentosos, de adornos de oro o de vestidos lujosos".

1 Pedro 3:3

Si este versículo significa que no puedes usar nada de esto, entonces, debes andar desnuda. La verdad que Pedro está diciendo es que la belleza y la fortaleza de una mujer no se hallan en su exterior. Hay algo más que la ropa. Hay algo más que el oro. Hay algo más que peinados ostentosos.

La sociedad promueve la noción que la belleza está en estas cosas externas. Pero, si te esmeras en estas cosa solamente, te hallarás mirándote al espejo para encontrar tu valía. Te vas a pasar la vida arreglándote por fuera pero seguirás estando sola y sintiendo la soledad.

El *síndrome de Dalila* tiene que ver con su habilidad para proveerle a Sansón un lugar de descanso. Sansón se sentía cómodo con ella. El hombre estaba cansado y se acostaba con ella y dormía. Esta historia no dice nada que la quería para tener relaciones sexuales. Ella solamente le daba descanso. Él lo necesitaba tan desesperadamente que, a pesar de saber que ella intentaba matarlo, no podía apartarse de su lado.

USTEDES SON HIJAS DE SARA

Si Satanás puede usar la fuerza de las Dalilas en contra de los hombres, Dios puede usarlas para los hombres. Si estás casada, puedes enriquecer tu matrimonio con la belleza interior. Si no estás casada, cuando te cases, comprenderás que no son las cintas que uses en el cuello lo que te hacen atractiva. No son los arreglos que te hagas en el cabello. Es algo que Dios puso en tu corazón lo que verdaderamente afecta al hombre.

"Sino el interno, el del corazón, en el incorruptible ornato de un espíritu afable y apacible, que es de grande estima delante de Dios".

1 Pedro 3:4

Mujeres, Dios les ha dado el adorno de un espíritu apacible y afable que es más valioso que cualquier joya. Es más valioso que el oro. Es más poderoso que la habilidad sexual.

Cuando Sansón se recostaba en la falda de Dalila, ella lo calmaba. ¿Puedes ver lo que hizo que Adán fuese partícipe del fruto prohibido sabiendo que era malo? La Biblia dice que Eva fue engañada, pero que él sabía. ¿Te das cuenta cuán poderosa es tu influencia? El enemigo quiere capitalizar lo que Dios te ha dado. Esa es la razón por la cual debes vigilar lo que dejas entrar por tus puertas.

"Porque así también se ataviaban en otro tiempo aquellas santas mujeres que esperaban en Dios, estando sujetas a sus maridos".

1 Pedro 3:5

En este versículo Pedro habla acerca de las mujeres que se adornaban en tiempos de los patriarcas. Sara era hermosa porque mostraba la belleza interior y vivía en obediencia a Abraham.

"Como Sara obedecía a Abraham, llamándole señor; de la cual vosotras habéis venido a ser hijas, si hacéis el bien, sin temer ninguna amenaza".

1 Pedro 3:6

Aquí Pedro dice que ustedes son hijas de Sara cuando no temen ninguna amenaza. Cuando resisten la tentación de reaccionar a las circunstancias y mantienen un espíritu afable, tranquilo y paciente en momentos difíciles, entonces, son hijas de Sara.

Si te puedes mantener calmada en la tormenta, si puedes alabar a Dios bajo presión, si puedes adorarlo en medio de las críticas, Dios dice que eres hija de Sara.

Si puedes mantener la calma cuando las deudas superan a las entradas y no perder el control cuando Satanás te dice que no lo vas a lograr, si puedes quedarte quieta en medio de la tormenta, eres hija de Sara.

Si puedes echar fuera el temor que está golpeando a la puerta de tu corazón y decir que no aceptarás una pobre autoestima, y si puedes echar fuera todos los espíritus que están esperando atacarte y tomarte prisionera, eres hija de Sara.

Si en medio de la tormenta puedes mantener la calma y decir: "sé que Dios me librará" eres hija de Sara. Si puedes caminar con Dios en medio de la tormenta y confiar en Él para que te lleve a un lugar seco, eres hija de Sara.

Si puedes juzgar la fidelidad de Dios sabiendo que Él no miente, comprendiendo que Satanás es el padre de mentiras, eres hija de Sara.

Si puedes mantenerte firme cuando el temor está tratando de hacerte reaccionar y caer, eres hija de Sara. Si te mantienes firme y contienes las lágrimas haciendo una sonrisa en medio de la lluvia, eres hija de Sara.

VERDADERAMENTE, ERES HERMOSA

Dios te está adornando de gloria, poder y majestad. Él enviará gente a tu vida que valorará tu auténtica belleza, tu real esencia. Esa es la clase de belleza que perdura en un rostro lleno de arrugas, pelo gris, cuerpo encorvado, pies vencidos y todos los escollos ocultos que ya aparecerán en el camino. Existe una belleza que puedes ver en el rostro de una mujer de noventa años que provoca la sonrisa de un hombre. Dios te está adornando por dentro. Él te está dando una gloria que resplandecerá en tu mirada. El hombre mirará tus ojos y no le importará si son azules o si te pusiste la sombra adecuada. Él mirará en tus ojos y verá confianza, paz, amor y vida.

TÚ ERES UNA HERMOSA OBRA DE ARTE

Valora el adorno de Dios. Deja que Dios te dé una nueva actitud. Deja que Él lave todo lo que se opone a Él en tu espíritu. Deja ir el enojo, el odio, la amargura, la frustración. Dios te quiere desatada. Él te repite en este día, así como lo hizo hace dos mil años: *"mujer, eres libre".*

La belleza se ve de diferente manera. Pero, la verdadera belleza es interna. Una esposa fiel es más preciosa que lo que pueden expresar las palabras. La belleza interior que te hace valorada para Dios, te dará valía para los demás. Algunos tardarán en darse cuenta. Pero, más allá de cuánto tiempo lleve, date cuenta del atractivo y belleza que hay en tu interior.

Tal vez sientas las cicatrices del pasado. Tal vez pienses que no eres atractiva y que no vales. No es cierto. Un día Dios pintó una hermosa obra de arte. Esa pintura eres tú.

CAPÍTULO TRECE

Todas las mujeres necesitan un Shabat

Necesitas la tranquilidad del descanso del Shabat porque es por medio del descanso de tu espíritu que se producirá la restauración de tu vida.

emos tratado varios aspectos de la historia de Jesús sanando a la mujer encorvada. En este capítulo, me gustaría tocar un tema que sobresale del milagro. No tiene que ver ni con la mujer ni con Cristo. Tiene que ver con el tiempo de la sanidad: en sábado.

El *Shabat* es el tiempo de descanso. Es el día de la restauración. Después de la creación, en el séptimo día, Dios descansó (Génesis 2:2). El descanso tiene el propósito de restaurar. No es sólo por el hecho de estar cansados. Es que durante el tiempo de descanso recibes nuevamente aquellas cosas que has gastado o consumido. Pero es también durante el período de restauración cuando el enemigo quiere romper tu relación con el Señor.

No quiero que pienses en el descanso sólo en términos de dormir. Comprende por favor que el descanso y la restauración son conceptos relativos. Necesitas la calma del descanso sabático porque es por medio del descanso de tu espíritu que se producirá la restauración de tu vida. El enemigo no quiere que tengas este descanso.

No es una simple coincidencia que esta mujer haya sido sanada en sábado. La Biblia nos hace notar claramente que fue durante el *Shabat* que la mujer recibió su sanidad. El sábado no se hizo solamente para que Dios descansara, sino para que Dios disfrutara su creación con el ser humano. El tema aquí es el descanso y la comunión.

UNA SEÑAL DEL PACTO

En la nación de Israel, Dios usó el *Shabat* como señal del pacto. Eso demostraba que ellos eran su pueblo. Dedicaban tiempo para adorarlo y estar en comunión con el Señor en el *Shabat*. Eso es todo lo que significa el sábado. Es una auténtica comunión entre el corazón del hombre y el corazón de Dios.

Cuando Jesús comenzó a ministrar en una situación de descanso, comenzaron a manifestarse las necesidades. Las necesidades de la mujer enferma comenzaron a afluir en el *Shabat*. Nunca serán satisfechas tus necesidades perdiendo la cabeza. Cuando te calmas, Dios te habla.

Cuando empiezas a murmurar y aquejarte en lo único que Dios puede fijarse es en tu descreimiento. Pero cuando comienzas a descansar en Él, Él puede concentrarse en tus problemas y en aquellas áreas de tu vida que necesitan ser tocadas.

También, cuando empiezas a entrar en la verdadera adoración a Dios, ese es el mejor momento para que Él ministre a tus necesidades. Ese es el momento en el cual Dios te da la restauración. Pero Satanás quiere que quebrantes el descanso del sábado.

LOS "RELIGIOSOS" ENTRE NOSOTROS

A veces prefiero vérmelas con pecadores empedernidos que con los religiosos. Cuando Jesús sanó en sábado a esta mujer, los religiosos se molestaron. ¿Por qué? Porque la gente religiosa tienen en más alta estima la religión que la creación de Dios. A ellos les preocupa más guardar la doctrina que ayudar a la gente. Parece que la gente religiosa no puede liberarse de su *religiosidad*. Pero a Dios le interesa el ser humano más que ninguna otra cosa.

La mujer enferma no se estaba quejando. No estaba murmurando. No estaba histérica. Ella tenía un problema, pero estaba calmada. Estaba allí escuchando las palabras del Maestro. Había venido con su problema, pero su problema no interfería en el momento de adorar al Señor.

CRISTO ES NUESTRO DESCANSO SABÁTICO

Quiero enfocar toda mi atención en el día sábado porque, lo que el *Shabat* es en lo físico, Cristo lo es en lo espiritual. Cristo es nuestro descanso sabático. Él es el fin de nuestras obras. Somos salvos por gracia por medio de la fe, no por obras para que nadie se gloríe (Efesios 2:8-9). Jesús dijo:

"Venid a mí todos los que estáis trabajados y cargados, y yo os haré descansar. Llevad mi yugo sobre vosotros, y aprended de mí, que soy manso y humilde de corazón; y hallaréis descanso para vuestras almas; porque mi yugo es fácil, y ligera mi carga".

Mateo 11:28-30

El *descanso* del Señor es tan completo que cuando Jesús estaba muriendo en la cruz, dijo: *"consumado es"* (Juan 19:30). ¡Fue tan poderoso! Por primera vez en la historia, un sumo sacerdote se sentó en la presencia de Dios sin tener que correr de un lado a otro trayendo la sangre de la expiación por los pecados de la humanidad. Cuando Cristo entró, de una vez y para siempre, Él se ofreció a sí mismo por nosotros para que pudiésemos ser liberados del pecado.

TÚ PUEDES DESCANSAR EN ÉL

Si realmente quieres ser sanada, tienes que estar en Él. Si realmente quieres ser libre y experimentar la restauración, tienes que estar en Él porque tu sanidad se produce en el descanso del *Shabat.* Tu sanidad está en Cristo Jesús. Al descansar en Él, cualquier enfermedad, cualquier área vencida o fuera de lugar será restaurada.

Pero el diablo sabe la verdad. Por eso, no quiere que descanses en el Señor. Satanás quiere que estés ansiosa. Quiere que estés irritada. Quiere que te pongas histérica. Quiere que te suicides, que dudes, que tengas miedo, que seas una neurótica.

"Por tanto, queda un reposo para el pueblo de Dios. Porque el que ha entrado en su reposo, también ha reposado de sus obras, como Dios de las suyas. Procuremos, pues, entrar en aquel reposo, para que ninguno caiga en semejante ejemplo de desobediencia".

Hebreos 4:9-11

A veces, cuesta trabajo hallar un lugar de descanso y calma. Nuestro agitado mundo no se da respiro para la tranquilidad y la paz. Crea ruido y dificultades. La mujer enferma, a pesar de estar encorvada y no poder enderezarse, descansaba en el hecho de encontrarse en la presencia del Dios admirable. Él es capaz de hacer mucho más abundante y generosamente lo que pidamos o aun pensemos (Efesios 3:20).

Jesús también confrontó a la mujer del pozo con la misma emocionante verdad.

> *"Respondió Jesús y le dijo: Cualquiera que bebiere de esta agua, volverá a tener sed; mas el que bebiere del agua que yo le daré no tendrá sed jamás; sino que el agua que yo le daré será en él una fuente de agua que salte para vida eterna".*

Juan 4:13-14

En este pasaje, Jesús estaba sentado al lado del pozo mientras esperaba que alguien regresara. Estaba tranquilo. Estaba descansado y sereno. Él sabía quién era. Dios no se intranquiliza ante las circunstancias.

En otra ocasión, Jesús y sus discípulos se encontraban en una barca. Se levantó una tormenta que parecía que el barco se iba a hundir. Pero Jesús no se inmutó ante las circunstancias. Es más, estaba durmiendo, descansando en medio de la crisis. Mientras todo el mundo corría de un lado a otro en la barca tratando de ver cómo se ponían los salvavidas y se lanzaban a los botes para salvarse, Jesús descansaba. ¿Jesús descansaba porque era haragán? No. Él descansaba porque se sabía mayor que la tormenta. Cuando los asustados discípulos vinieron en su búsqueda porque no sabían qué hacer, Jesús se levantó y le habló a los vientos y a las olas diciendo: *"calla, enmudece"* (Marcos 4:39).

NO TIENES QUE LUCHAR

Cuando sabes quién eres, no tienes que luchar. No tienes que agitarte. Esa fue la actitud de Jesús cuando se encontró con la mujer en el pozo. Cuando la mujer se acercó al pozo con el cántaro en el hombro, estaba preocupada y molesta por el agua que necesitaba sacar. Pero cuando se encontró con Jesús sentado al lado del pozo, Él comenzó a demostrarle serenidad. Le dijo: "Si bebes esa agua, volverás a tener sed, pero si bebes del agua que yo tengo, no tendrás sed jamás".

"La mujer le dijo: Señor, dame esa agua, para que no tenga yo sed, ni venga aquí a sacarla. Jesús le dijo: Vé, llama a tu marido y ven acá".

Juan 4:15-16

Jesús llevó la conversación hacia la verdadera necesidad.

"Respondió la mujer y dijo: No tengo marido. Jesús le dijo: Bien has dicho: No tengo marido; porque cinco maridos has tenido, y el que tienes ahora no es tu marido; esto has dicho con verdad".

Juan 4:17-18

Al igual que esta mujer, tú te puedes meter en situaciones que lastimen e irriten tu espíritu. Esta clase de heridas no se pueden sanar por esfuerzo humano. Debes estar en la presencia de Dios y dejar que Él llene esos espacios de tu vida. No los vas a llenar yendo de un amigo a otro. Esta mujer lo había intentado. Ya había tenido cinco maridos. Por lo tanto, la respuesta no era tener otro hombre, sino ponerse en contacto con *el Hombre*, Jesús.

Una vez que la mujer del pozo fue ministrada por Jesús, dejó el cántaro y salió corriendo para contarle a los demás acerca del hombre con quien se había encontrado en el pozo. Su mente ya no estaba centrada en su problema. Ahora estaba centrada en Jesús. También nosotros debemos despojarnos del viejo hombre carnal. Algunas de esas antiguas ataduras y viejas formas de vida necesitan ser reemplazadas con la calma del Espíritu.

Esta mujer nunca se había despojado del viejo hombre hasta que se encontró con el nuevo hombre, Jesús. Cuando conoces lo nuevo, tienes el poder de decirle adiós al viejo. Nunca podrás romper con los viejos moldes de vida hasta que no veas que Jesús es el verdadero camino. Nunca harás las cosas bien sin Jesús. Debes venir a Él como eres. El conocimiento de Jesús te dará el poder de romper con tu viejo ser y con las ataduras que te esclavizan.

Si hay algo en tu vida que te retiene y que no es Dios, no podrás abrirte paso por tus propios medios. Sométete a Dios, resiste al diablo y él huirá de ti (Santiago 4:7). Al someterte a Dios, recibes el poder de resistir al enemigo.

Esta mujer ni siquiera fue a su casa. Corrió a la ciudad a decirle a todo el mundo que viniese a ver al Hombre que le había dicho cosas de su vida. Haces un mal servicio hasta que realmente conoces a Jesús. Él satisface. Todos los demás, bien, aplacan, pero sólo Jesús satisface. Él puede satisfacer cualquier necesidad y anhelo. Él sana cualquier dolor y aflicción. Luego, saca toda carga y elimina cualquier problema que haya en tu vida.

HAS ANDADO ENCORVADA MUCHO TIEMPO

Ya has tenido bastantes tragedias. Has estado encorvada mucho tiempo. Dios hará algo bueno en ti. Dios dejó que pasaras por estos años de enfermedad porque Él tenía para ti algo mejor de lo que jamás hayas experimentado. Dios tiene algo mejor para ti.

Puede que hayas sido maltratada o violada. Tal vez, todos aquellos en quienes hayas confiado te hayan dado la espalda y estés dolida. Pero Dios todavía te sostiene. No lo has conseguido por haber sido fuerte, o por haber sido inteligente. No lo has logrado por haber sido sabia. Lo has logrado por la admirable gracia de Dios que te sostuvo y te guardó. Dios tiene mayores cosas hoy para ti que todo lo que hayas sufrido ayer. No te rindas. No te des por vencida. Aguanta. La bendición está en camino.

Te exhorto a que veas que puedes hacer todo por medio de Cristo que te fortalece (Filipenses 4:13). Cuando la mujer enferma lo supo, no se quedó encorvada sino que se puso derecha. Cuando Jesús le dijo que quedara libre, ella se enderezó y glorificó a Dios. También le dijo a la mujer del pozo que se despojase de las viejas cosas. Él quería que ella se apartase de los viejos patrones de conducta egoísta. De pronto, ella reconoció que no tenía lo que creía tener.

LO MEJOR QUE DIOS NOS DA ES SU DESCANSO

Como la mujer en el pozo, las cosas pecaminosas que has luchado por retener en tu vida no valen lo que tú creías que valían. Me refiero a esa clase de cosas que se han adherido a tu vida y en las cuales te gratificas. Algunos de esos hábitos que has llegado a disfrutar y esas relaciones que crees que te dan seguridad. No han sido de ningún provecho. Generalmente nos conformamos con algo inferior porque no conocemos lo mejor. Pero cuando conoces lo mejor, tienes la fuerza para deshacerte del resto.

DÉJALO IR

La mujer enferma no entró en pánico debido a esa enfermedad que la tenía lisiada. Había sufrido y padecido durante dieciocho años. Pero cuando se acercó a la presencia de Jesús, descansó en Él. Ella esperaba que Él se hiciera cargo de ella. Y el resultado fue una maravillosa sanidad. Lo que la mujer del pozo esperaba era agua común, pero se fue del pozo habiendo encontrado al Salvador. Ella buscaba satisfacción temporal pero encontró satisfacción eterna.

Eso es el descanso y el *Shabat*. Es la capacidad de encontrar satisfacción eterna en Jesús. El mundo nunca nos dará paz y satisfacción. Pero Jesús ofrece ambas gratuitamente.

La mujer que había tenido conflictos pudo encontrar satisfacción. Tú puedes encontrar esperanza para tu alma. Se encuentra en el Maestro del universo. Él no te negará debido a tu pasado. No escudriñará cada una de tus acciones. Él te tomará como eres, *y te dará descanso*. Él te dará la paz que satisface el anhelo de tu corazón.

> *"Y la paz de Dios que sobrepasa todo entendimiento, guardará vuestros corazones y vuestros pensamientos en Cristo Jesús".*

> Filipenses 4:7

CAPÍTULO CATORCE

El invierno
de la mujer

Tal vez te sientas asustada por tu pasado. Puede que te sientas poco atractiva y sin valor. Nada está más lejos de la verdad. Un día Dios pintó una hermosa obra de arte. Esa pintura eres tú.

"Y ella les respondía: No me llaméis Noemí, sino llamadme Mara; porque en grande amargura me ha puesto el Todopoderoso. Yo me fui llena, pero Jehová me ha vuelto con las manos vacías. ¿Por qué me llamaréis Noemí, ya que Jehová ha dado testimonio contra mí, y el Todopoderoso me ha afligido?"

Rut 1:20-21

uando me levanté esta mañana, la tierra todavía estaba adormecida. Observé el milagro de los principios desde el balcón del hotel. Las ondas del mar yendo acompasadamente y salpicando la orilla vacía donde la arena le sonreía al tranquilo amanecer. Como los acordes iniciales de una orquesta templando los instrumentos para el concierto, las gaviotas marinas graznaban en abiertos solos. El viento observaba, moviendo ocasionalmente las ramas de las palmeras que desplegaban sus copas como el abanico de una distinguida dama. Lejos hacia el este, el sol se levantaba sereno, como tratando de no molestar a nadie. Se asomaba sobre el océano como el ojo de un chico espiando a la vuelta de la esquina.

De no haber estado mirando por la ventana, me hubiese hecho un juicio erróneo del día. Hubiese creído que la mañana, o tal vez las primeras horas de la tarde, era la parte más linda del día. Hubiese creído que el momento en que las alegres risas de los niños corriendo al entrar o salir del agua, se llevaría el premio del día, sin discusión.

Pero cuando estaba por hacer mi votación, la sabiduría de la tarde apareció en escena. El entretenimiento de la mañana temprano y los alegres sonidos de la tarde me habían distraído. Ahora estaba mirando a la distancia el descenso del sol. Me di cuenta que el crescendo del concierto siempre se reserva para el cierre.

¿Cómo no me di cuenta que el sol había cambiado su ropa, vistiendo su manto nocturno, lleno de color y grandeza? La gracia de la culminación del día es mayor aún que la incertidumbre de la mañana. Tú también, la próxima vez que tengas oportunidad de presenciar el surgimiento de la mañana en su estallido de colores y formas antes de ocultarse en el oeste, volverás a hacer tu voto. Porque la parte más linda del día, de hecho, la parte más hermosa en la vida de una mujer, es cuando el sol se pone.

He escrito esto teniendo en mente a mi madre. Su cabello fue cambiando de color ante mis ojos. Como los últimos pensamientos de un artista, las arrugas han ido apareciendo en su frente. Sus brazos son mucho más débiles y sus movimientos más lentos; pero, en cierta medida, ahora ella es más cálida en su época invernal que cuando estaba en el verano de su vida. Todas las tragedias de la vida han quedado sobre la lona y todavía ella está en pie para probar la autenticidad de sus metas, sueños y ambiciones.

EL INVIERNO DE LA VIDA

¿Qué hay de malo en querer quedarse en el escenario para recibir el aplauso de la audiencia cuyas vidas han sido tocadas por la belleza de tu canción? Debido a que el resplandor del verano no ilumina tu rostro, eso no significa que ya no tienes nada que hacer. ¿Cuál es la presencia que estará como testigo y por medio de la cual Dios te mira? ¿Quién se ocupará de darle a tus hijos una rápida mirada mientras corren su carrera o agarrarlos cuando caigan bajo el peso del día?

Dios nunca da un día sin un propósito. Mis hijas están en la primavera de sus vidas, mi esposa en medio del verano y mi madre anda en el otoño, con un pie en el invierno de su vida. Juntas, forman un armonioso acorde. A la lectora le sugiero que disfrute cada nota.

> *"Mientras la tierra permanezca no cesarán la sementera y la siega, el frío y el calor, el verano y el invierno y el día y la noche".*

Génesis 8:22

Nuestra cultura ha exaltado a la juventud al grado que hemos aislado a los ancianos. La mentalidad de Hollywood acentúa la dinámica de la juventud como si cada etapa de la vida no tuviese su propia belleza. Pero cualquiera que observe la naturaleza te dirá que todas las estaciones tienen sus propias ventajas y desventajas. Por lo tanto, es importante que les enseñemos a las mujeres que se preparen para el invierno.

Creo que la edad puede ser estresante para las mujeres más que para los hombres, solamente porque no hemos reconocido a las mujeres históricamente en otras etapas de su vida. Igualmente perturbador es el hecho que nos remarcan las estadísticas en cuanto a que la mujer vive más que el hombre y tiene una vida mucho más productiva que sus congéneres masculinos. Y no es su longevidad lo perturbador sino el hecho que muchas veces, debido a la muerte temprana de sus compañeros ya no tienen sentido de compañerismo.

HONRA A LAS VIUDAS QUE SON VERDADERAMENTE VIUDAS

Aunque la Biblia dice muy poco en relación al cuidado de los hombres de avanzada edad, sí habla de la ministración a las viudas (1 Timoteo 5:3-16). Necesitamos invertir algún esfuerzo para animar a las ancianas. Ellas necesitan algo más que provisiones para el cuerpo. Muchas mujeres pasan sus vidas construyendo su identidad en torno a su rol y no a su persona. Entonces, cuando su rol cambia, se sienten desplazadas. El ser una buena madre es un trabajo de autosacrificio, cuando esas demandas se acaban, muchas mujeres se sienten como Noemí. Su nombre significa "mi gozo". Pero después de haber perdido a sus hijos y a su marido, dijo: "llámenme *Mara*. *Mara* significa "amargura".

RESISTIENDO LA "MENTALIDAD DE MARA"

No permitas que los tiempos de cambio, cambien quién eres. Es peligroso perder la identidad en esas circunstancias. Las circunstancias pueden cambiar, y cuando eso sucede, las mujeres mayores se suelen sentir vacías e insatisfechas. Eso es lo que le sucedió a Noemí. Pero en lugar de darle cabida a su depresión, Dios todavía tenía cosas para darle para que aportara a la vida. Porque las demandas de la vida hayan cambiado no significa que la vida se haya terminado. Si te ocurre eso, ha llegado el momento de redefinir tus propositos, juntar tus logros y seguir viviendo y dando. En la medida en que puedas mantener un sentimiento de valía, podrás resistir la "mentalidad de Mara".

NADIE LO HA VISTO TODO

Noemí tenía una colección de tragedias. Ella había campeado varias tormentas. El desaliento llega cuando la gente piensa que lo ha visto todo ¡y casi todo fue terrible! Pero no importa cuántos años tengas, nunca lo habrás visto todo. Nadie se gradúa de la escuela de la vida a no ser cuando muere. Nadie sabe cómo Dios va a terminar el libro de su vida, pero Él se reserva lo mejor para el final. Israel no reconoció a Jesús porque estaban demasiado acostumbrados a ver lo que ya habían visto. Dios les había enviado docenas de profetas, pero cuando, finalmente, les envió al rey, no lo reconocieron. Es peligroso presuponer que lo que verás será similar a lo que ya has visto.

Dios puede tener la extraña manera de restaurar el propósito de una vida. Para Noemí fue por medio de una relación que ella trató de disipar. Es peligroso intentar deshacerse de la gente. La misma persona a quien estés tratando de sacarte de encima puede que tenga la llave para restaurar el propósito y completar tu vida.

> *"Respondió Rut: No me ruegues que te deje y me aparte de ti; porque a dondequiera que tú fueres, iré yo, y dondequiera que vivieres, viviré. Tu pueblo será mi pueblo y tu Dios mi Dios".*

Rut 1:16

Rut era la nuera de Noemí. Pero Noemí creyó que el único vínculo que la unía a ella era su hijo, quien ahora estaba muerto. Muchas veces, quienes le damos mucha importancia a la familia, no comprendemos la amistad. Cuando las circunstancias familiares cambian, caemos en el aislamiento porque no sabemos nada de otro tipo de relaciones. Hay lazos que son más fuerte que la sangre (Proverbios 18:24). ¡Hay lazos divinos! Cuando Dios te traiga a alguien como Rut a tu vida, Él es el agente enlazador. Cuando Rut dijo: *"tu Dios será mi Dios",* Dios quería que Noemí viese el esplendor de la relación invernal. Él quería que ella experimentase la alegría de pasarle toda su sabiduría y fortaleza a alguien digno de su atención. Pero debemos dejar que Dios haga la elección por nosotros, porque con mucha frecuencia nosotros elegimos sobre la base de lazos carnales y no lazos divinos.

He notado en las Escrituras que se ha ejemplificado la relación más fuerte existente entre mujeres, una joven y otra anciana. No estoy sugiriendo que ese sea siempre el caso. Pero, permítanme mencionar algunos otros casos para nuestra edificación.

NOEMÍ Y RUT

1. Rut podría haber muerto en Moab, probablemente se hubiese casado con algún idólatra, de no haber sido por la sabiduría de Noemí, una mujer anciana y más experiencia. Noemí sabía cómo guiar sin manipular, una virtud que muchas mujeres en esa etapa de la vida no tienen. Rut, por supuesto, fue la bisabuela de Cristo. Había grandeza en ella y Noemí supo cultivarla. Quizás a Noemí hubiese habido que llamarla Mara, y posiblemente hubiese terminado su vida muriendo en amargura sin el contacto de ninguna vida, de no haber sido por Rut.

ELISABET Y MARÍA

2. Elisabet, la esposa del sacerdote Zacarías, es el sinónimo bíblico de la moderna esposa de pastor. Ella era una mujer en el invierno de su vida con una experiencia de verano. Estaba embarazada con una promesa. Y, a pesar de sus años, estaba cumpliendo con un propósito mayor que el que había tenido en sus años de juventud. Elisabet es la demostración bíblica que las bendiciones de Dios para nosotros son en su tiempo y en sus términos. Pero estaba aislada. Quizás esa era la actitud de la comunidad. Muchas veces, cuando una mujer mayor todavía es activa y productiva puede provocar celos e intimidación. Tal vez fuese la silenciosa calma de su vientre. Cualquiera que fuese la razón, estuvo recluida durante seis meses hasta que escuchó que

alguien golpeaba a la puerta. Si tú te has islado de la gente, cualquiera que sea la razón, oro para que oigas el toque del Señor. Él te dará el manto de alegría en lugar de espíritu angustiado (Isaías 61:3).

Cuando Elisabet levantó su inmóvil y frágil cuerpo, que parecía más vencido aun en la silla y se dirigió a la puerta, vio a una joven, una imagen de sí misma en días pasados. Al abrir la puerta su vida cambió para siempre. Al abrir la puerta a nuevas relaciones y quitarte las cadenas de tus propios temores, Dios te dará un nuevo y abundante resplandor. María, la futura madre del Salvador y Señor, la joven prima de Elisabet, estaba a la puerta. El esplendor del saludo de esta joven y el estar ante su experiencia, hizo que el bebé en el vientre de Elisabet saltase mientras ella era llena del Espíritu Santo. La gente se preguntará por qué, estas dos mujeres, tan diferentes, estaban tan cerca. ¡Era un lazo divino! ¡Dios no quiere que te quedes sentada en una silla esperando la muerte! *En el nombre de Jesús... ¡Levántate y abre la puerta!*

ARRANCANDO LA CERA VIEJA

Cuando era estudiante, trabajaba en una tienda de pinturas local, y, por supuesto, tenía que conocer los productos y procedimientos. A medida que me familiarizaba con ellos, me intrigaba un producto que restauraba viejos muebles, dándoles su lustre original. Compré el producto para ver si era tan efectivo como se me había dicho. Enseguida me di cuenta que la parte más difícil de la restauración de muebles era sacarle la cera vieja. Había que tener paciencia para remover los efectos de años de uso y abuso. Y si no estás comprometida en recobrar lo que tenías, fácilmente dirás que la tarea es imposible. Pero te aseguro que no es imposible.

LA RESTAURACIÓN ES UN PROCESO

El salmista David declara: *"confortará mi alma"* (Salmo 23:3). La restauración es un proceso. Y solamente Dios sabe lo que lleva remover lo que se ha acumulado durante años de existencia. Pero Él es especialista en restauraciones y en renovar el corazón humano.

> *"Y las mujeres decían a Noemí: Loado sea Jehová que hizo que no te faltase hoy pariente, cuyo nombre será celebrado en Israel; el cual será restaurador de tu alma y sustentará tu vejez; pues tu nuera, que te ama, lo ha dado a luz; y ella es de más valor para ti que siete hijos".*

Rut 4:14-15

Recuerda que Noemí casi se cambia el nombre por el de Mara. Ella creyó que Dios la había tratado muy amargamente. Es peligroso prejuzgar a Dios. Un prejuicio es un juicio previo. La gente, aun los creyentes, con frecuencia prejuzgan a Dios. Noemí lo hizo. Pero, Dios todavía no había terminado con ella. Antes de concluir, todos estuvieron de acuerdo en que la mano de Dios estaba sobre ella. Por eso, si sientes el desafío de la silenciosa batalla contra el invierno, puedes alegrarte de estar todavía en carrera. Confía en Dios en tener días por delante que pueden ser diferentes de los que has tenido con anterioridad.

LAS SILENCIOSAS LUCHAS DE INVIERNO

Creo que la experiencia más difícil es mirar hacia atrás y asombrarse ante la fría cara del remordimiento. Mucha gente ha pensado: "me pregunto qué hubiese pasado si no hubiese tomado aquella decisión... o aquella otra". El darte cuenta que has sido tanto la víctima como la asaltante de tu propia vida puede ser difícil de aceptar, especialmente, si ambas cosa fueron gestadas y decididas por ti misma. Admitamos que existen quienes, inadvertidamente caen bajo circunstancias que los hieren, lastiman, y los dejan como si fuesen las víctimas en el camino a Jericó. No importa cuál evento describe mejor tu actual situación, primero detente a darle gracias a Dios, que, como en el caso de Noemí, a pesar de las tragedias de su juventud, es un milagro que hayas sobrevivido al severo frío de los días pasados. Tu existencia debe ser una alabanza. Mira por encima de tu hombro y fíjate qué hubiese pasado. ¿Dios hubiese tratado tu amargura? Pienso que no. Cualquiera lo puede reconocer en el sol brillante, pero en la tormenta sus discípulos pensaron que era un fantasma (Mateo 14:26).

DOS COSAS EN LAS QUE DEBE CONFIAR TODA NOEMÍ

Existen dos cosas en las cuales toda Noemí debe descansar mientras recoge madera para los días de invierno y envuelve una manta alrededor de frágiles e inestables piernas.

Primero, Dios es un *restaurador*. Eso quiere decir que mientras te sientas al lado de la chimenea sorbiendo una taza de café, dando vuelta en tus propios pensamientos, volviendo a recorrer viejas escenas de tu vida, Él te explicará algunas cosas y otras las sanará. La restauración no significa que toda la gente que te dejó va a volver. Ni el marido ni los hijos de Noemí resucitaron. Simplemente, Dios le da un propósito a los años pasados que tienen un signo de interrogación.

ESPERA AL LADO DE LA VENTANA

¿Cuántas veces has mirado hacia atrás diciendo: "si no me hubiese pasado aquello, ahora no me pasaría esto"? Simplemente con decir: "Él lo hará por ti". Él restaura los días de sufrimiento. La gente que escuchaba a Noemí corriendo por la casa con los ruleros en la cabeza quejándose que Dios la había tratado tan amargamente, estarían esperando con las narices pegadas a la ventana viendo cómo Dios, majestuosamente, traía su paz a sus brazos. Si tú esperas al lado de la ventana, podrás escuchar el suave murmurar de una anciana jugueteando con su bisnietito en sus brazos. Quizás ella se sienta muy orgullosa al decirte lo tonta que ha estado con Dios, pero la sonrisa en su arrugado rostro y la serenidad de su descanso dice: "bien lo ha hecho todo" (Marcos 7:37).

"Y os restituiré los años que comió la oruga, el saltón y el revoltón y la langosta, mi gran ejército que envié contra vosotros. Comeréis hasta saciaros y alabaréis el nombre de Jehová vuestro Dios, el cual hizo maravillas con vosotros; y nunca jamás será mi pueblo avergonzado".

Joel 2:25-26

Segundo, el Señor será conocido como tu *nutridor*. Éste puede ser un rol difícil para ti que has acunado tanto bebés como hombres en tu cálido seno sensible. Tú, que has sido la fuente de fortaleza para otros, puede que halles difícil saber qué hacer con este rol revertido. El nutridor tiene que aprender a ser nutrido.

FUERZA PARA EL DÉBIL Y TIBIEZA PARA EL FRIOLENTO

Muchas mujeres oran más fervientemente como intercesoras por otros que por sí mismas. Esto es maravilloso, pero tiene que haber un tiempo en que desees ciertas cosas para ti. Nuestro Dios es El-Shaddai "el Todopoderoso" (Génesis 17:1). Él da fuerza al cansado y abrigo al que tiene frío. Se siente un gran bienestar en sus brazos. Como niños, también los adultos pueden acurrucarse en sus brazos eternos y escuchar los latidos del corazón de un Dios amante que dice: *"y comeréis hasta saciaros y alabaréis el nombre de Jehová vuestro Dios...* (Joel 2:26).

Espera a Dios en todas sus variadas manifestaciones. Él es un maestro para ocultarse, pero se hace notar en la estrella que guía en la noche, en un lirio creciendo en el valle, o en una oración contestada por el soplo de un ángel. Los ángeles son los mayordomos del cielo; abren puertas. Dios envía ángeles para que les ministren a los suyos. ¿Alguna vez viste un ángel? No siempre están vestidos de blanco y tienen alas. A veces son tan ordinarios que ni se distinguen. Rut era un ángel, la cual Noemí casi despacha. Dios puede usar a cualquiera como canal de alimentación. Pero, a pesar del canal, Dios sigue siendo la fuente.

"No os olvidéis de la hospitalidad, porque por ella algunos, sin saberlo, hospedaron ángeles".

Hebreos 13:2

ÁNGELES EN TU CAMINO

Cuando Agar se perdió en el desierto de depresión y lucha desesperada, Dios envió un ángel. Cuando la madre de Sansón era estéril, se le apareció un ángel. Cuando la joven María vivía su rutinaria vida, Dios le envió un ángel. Cuando la sufriente María Magdalena se acercó a la tumba, Dios le envió un ángel. ¡Para cada mujer en crisis hay un ángel! Para cada noche solitaria y madre olvidada, hay un ángel. Para cada joven perdida vagando en la jungla de cemento de cualquier ciudad, hay un ángel.

Mi hermana, apoya tu taza de café, sácate la manta de las piernas ¡y ponte en pie! ¿No has sabido? ¿No has oído? ¡Para cada mujer que está encarando el invierno *hay un ángel!*

"¿No son todos espíritus ministradores enviados para servicio a favor de los que serán herederos de la salvación?"

Hebreos 1:14

"Por la fe también la misma Sara, siendo estéril, recibió fuerza para concebir; y dio a luz aun fuera del tiempo de la edad, porque creyó que era fiel quien lo había prometido".

Hebreos 11:11

LOS MILAGROS DEL INVIERNO

Creo que sería negligente de mi parte no compartir, antes de seguir adelante, los milagros del invierno. En verano, todo andaba bien con Sara. En esa época ella sabía poco de Jehová, el Dios de su marido. Básicamente, ella sabía que estaba enamorada de un hombre maravilloso. Era la mujer más afortunada de Ur. Era una mujer increíblemente hermosa, lucía su amor como una mujer notable lleva puesto su vestido. El aire olía dulce y el viento pronunciaba su nombre. Un día, su marido le habló acerca de mudarse. ¿Dónde?...No lo sabía. Y tan alocado como le suene a quienes se han olvidado del excitante verano, a Sara no le importó. Corrió a la tienda y comenzó a empacar. A veces es bueno alejarse de los parientes y amigos. ¡Empezar de nuevo puede resultar divertido!

Pero muy pronto, la alegre axuberancia del verano comenzó a decaer y ella empezó a luchar con la dura realidad de seguir a un soñador. Y Abraham no había hecho todo lo que Dios le había pedido. Dios le había dicho: "Vete de tu tierra y de tu *parentela*..." (Génesis 12:1). Pero Abraham había tomado algunos parientes consigo.

Sara pensó: "Seguramente habrá tenido una buena razón". Pero lo que realmente la mortificaba no eran los roces familiares o los peleadores pastores. Era la ausencia de un hijo. Ya para entonces se había dado cuenta que era estéril. Sentía que le había impedido a Abraham disfrutar de una parte importante de la vida. Entonces fue cuando recibió el anuncio que tendría un bebé y se rió. "Si voy a recibir un milagro —dijo— ¡será mejor que Dios se apure!"

NO PONGAS EN HORA TU PROPIO RELOJ

Quiero advertirte en cuanto a que pongas tú el reloj en hora. El tiempo de Dios no es tu tiempo. Puede que Él no venga cuando tú quieras que lo haga, pero Él siempre llega a tiempo. Se menciona que Sara se rió dos veces. La primera vez se rió *de* Dios. Pero en el invierno de su vida, se rió *con* Dios. La primera vez se rió ante la imposibilidad de la promesa de Dios. Pero después de haber pasado por varias experiencias en la vida, aprendió que Dios es fiel para cumplir su palabra.

LA PRIMERA RISA

"Y Abraham y Sara eran viejos, de edad avanzada; y a Sara le había cesado ya la costumbre de las mujeres. Se rió, pues, Sara entre sí, diciendo: ¿Después que he envejecido tendré deleite, siendo también mi señor ya viejo? Entonces Jehová dijo a Abraham: ¿Porqué se ha reído Sara diciendo: ¿Será cierto que he de

dar a luz siendo ya vieja? ¿Hay para Dios alguna cosa difícil? Al tiempo señalado volveré a ti, y según el tiempo de la vida, Sara tendrá un hijo".

Génesis 18:11-14

LA ÚLTIMA RISA

"Y Sara concibió y dio a Abraham un hijo en su vejez, en el tiempo que Dios le había dicho. Y llamó Abraham el nombre de su hijo que le nació, que le dio a luz Sara, Isaac. Y circuncidó Abraham a su hijo Isaac de ocho días, como Dios le había mandado. Y era Abraham de cien años cuando nació Isaac su hijo. Entonces dijo Sara: Dios me ha hecho reír, y cualquiera que lo oyere, se reirá conmigo. Y añadió: ¿Quién dijera a Abraham que Sara habría de dar de mamar a hijos? Pues le he dado un hijo en su vejez".

Génesis 21:2-7

Presta atención a lo que voy a decir. Es relevante. No me preocupa tanto el capítulo dieciocho de Génesis donde Sara se ríe porque no cree. Tampoco estoy centrando mi atención en el capítulo veintiuno donde ella se ríe "con el gozo del Señor". Quiero analizar contigo los hechos que conducen a los milagros de su invierno.

Con frecuencia, compartimos nuestro testimonio personal diciendo dónde comenzamos y adónde hemos llegado sin contar las secuencias de los sucesos que han conducido a nuestra liberación. Y por dejar de lado el proceso, nuestros oyentes se sienten defraudados porque ellos reclaman lo mismo y aun así, no lo obtienen. No les contamos los tremendos esfuerzos de fe que preceden nuestro nacimiento como oro puro. ¡Pero hoy, contaremos toda la verdad y nada más que la verdad! Amén.

En medio de estos poderosos momentos en la vida de uno de los ejemplos más exquisitos de esposa, todo en su vida fue probado. Creo que su amor por Abraham fue lo que le dio el coraje de dejar su casa, pero su amor por Dios hizo nacer la simiente prometida. Cuidado ahora; no estoy diciendo que su amor por Dios reemplazó el amor por su esposo. Simplemente, estoy diciendo que se complementa con otro de mayor nivel. Después de todo, ¿de qué sirve apreciar lo que Dios nos dio si no valoramos al Dios que lo dio? Si la edad no sirve para nada más, por lo menos nos ayuda a poner las cosas en su perspectiva apropiada. No hay nada mejor que el tiempo para mostrarnos que hemos puesto mal las prioridades.

LA TRÁGICA BENDICIÓN DE SARA EN GERAR

En el verano, Sara siguió a Abraham fuera de su tierra y de sus parientes. Pero cuando las estaciones de la vida cambiaron, ella tomó otro rumbo en su peregrinar, lo que pudo haber terminado siendo una gran tragedia. Abraham, su amado esposo, dejó a su esposa en Gerar. Por ser yo un hombre y un líder, trataré de no ser muy duro con él. Todos podemos tomar malas decisiones. Puedo defender la decisión de ir a Gerar, aunque *Gerar* significa "lugar inseguro". He tomado decisiones en mi vida que me han conducido a lugares inseguros. Pero lo que sí es reprochable es que Abraham, el protector de Sara, cuando temió por su propia seguridad, mintió acerca de la identidad de Sara (Génesis 20). Nunca conocerás a la gente hasta que les tengas que testificar bajo presión. Ahora, no estoy siendo un santurrón por la flagrante falta a la verdad de Abraham. Fue una mentira ante un peligro.

LOS HOMBRES TE PUEDEN FALLAR

¿Has conocido a alguien a quien le hayas confiado algo y te defrauda en un momento de gratificación personal e indulgencia? Alguien que tenga una necesidad egoísta puede poner en peligro todo lo que tienes. La infame mentira de Abraham puso en peligro la vida de su esposa. El rey Abimelec era un rey pagano. Estaba acostumbrado a tomar lo que quería. Y su reputación de hombre corrupto era tan conocida que llevó a Abraham, el padre de la fe, a temer por su vida. Por eso, en lugar de arriesgarse él, le dijo al rey que su agradable esposa era su hermana. Abraham sabía que con eso estaba haciendo que Sara satisficiera los deseos de un pervertido. Y Sara se encontró siendo bañada y perfumada como una ofrenda de carne para las pasiones de un rey.

DIOS TE SALVARÁ

Imagínate el helado temor que se apoderó de esta primera dama de la fe. Imagínate el impacto que sufrió al darse cuenta que bajo una auténtica presión, una persona nunca puede estar segura de lo que otro individuo puede hacer para asegurar su propio bienestar. Su Abraham le falló. ¡Pero Dios no! Tal vez haya algo egoísta en tu vida que te haya llevado a esta tempestuosa situación. De ser así ¡sé valiente! Sólo porque Satanás te haya echado el lazo no significa que no puedas escapar. El Dios a quien servimos es capaz. Su palabra es hoy para ti: *"¡Mujer, eres libre!"*

La fe de Abraham ha sido siempre la estrella del Antiguo Testamento, pero no lo es hoy. Es asombroso cómo la fe puede surgir en tu corazón ante una crisis. Analiza a Sara. Se encuentra ante las ansiosas pisadas de su raptor. Sabe que no falta mucho para que la viole. Como un conejo asustado acorralado en un rincón, toma conciencia que Abraham no la va a rescatar. No sé cómo habrá orado, ¡pero sé que clamó ante el Único que le quedaba!

Tal vez dijera "Dios de Abraham, yo también necesito que seas mi Dios. Sálvame de este incierto destino". O, tal vez, solamente exclamó "¡Oh, Dios! ¡Ten misericordia de mí!" Pero sea lo que sea lo que haya dicho, Dios la escuchó porque cerró la matriz de todas las mujeres en la casa del rey y habló en nombre de Sara cuando nadie más lo hizo. Dios le reveló al rey la verdad. "¡Ella es la esposa de Abraham!" declaró el Señor. Y detuvo los pasos peligrosos de Abimelec.

Muy pocos hombres comprenden el terror de una mujer que es violada sexualmente. Solamente puedo imaginarme las lágrimas que corrían por las mejillas de Sara cuando escuchó que se abría la puerta. Pero cuando su potencial raptor entró, sorpresivamente cayó al piso y exclamó: "¡Él me tocó!" ¿Sabías que el corazón del rey está en sus manos y él lo induce a hacer lo que quiere? (Proverbios 21:1) Dios liberó a Sara del fracaso de su hombre.

EL DIOS DE GERAR

Cuando Sara salió de Gerar, había aprendido algo de la vida, de la gente y más que nada, de Dios. No perdió su relación con Abraham, como veremos enseguida. Pero aprendió algo que todos nosotros tendríamos que aprender. Aprendió acerca de la fidelidad de Dios.

Estoy convencido de que las cosas que nos preocupan no nos preocuparían si conociésemos la fidelidad de Dios. Eso se comprueba en la vida de Sara, porque enseguida después de su pesadilla en Gerar, la Biblia dice en Génesis 21:2:

> *"Y Sara concibió y dio a Abraham un hijo en su vejez, en el tiempo que Dios le había dicho".*

Debes notar que no fue Abraham quien cumplió con la promesa sobrenatural. Sin Dios Abraham no podía hacer nada. Siempre recuerda eso. El hombre puede ser el instrumento, pero Dios es la fuente de vida. Fue Dios quien visitó a Sara e hizo con Sara lo que había dicho que haría.

EL INVIERNO DE LA MUJER

A causa de Gerar, Sara llegó a conocer a Dios de una manera como nunca antes lo había conocido. Hay algunas cosas que tú puedes aprender de Dios solamente en el invierno. Y Sara se ganó un lugar en el hall de los héroes de la fe. Cuando Hebreos 11 enumera a los patriarcas y su asombrosa fe, aparece el nombre de esta mujer. A Abraham se lo menciona por tener fe en esperar la ciudad *"cuyo arquitecto y constructor es Dios"* (Hebreos 11:10). Pero cuando el autor analiza lo que hace que una anciana estéril conciba un hijo, ¡él menciona la fe de Sara! Fue la fe de Sara quien lo hizo.

Sara no tomó lecciones de "fe". Ella atravesó su invierno tomada de la cálida mano de un Dios amante que no le iba a fallar. Cuando oigas a Sara reírse por última vez, ella se está riendo con Dios. Ella está abrazando al bebé contra su arrugado pecho y entiende los milagros que se producen en el invierno de la vida de las mujeres.

¿Alguna vez pasaste la noche en Gerar? Si lo has hecho, estoy seguro que ahora conoces al Señor de una manera que, de no haber sido por eso, no lo conocerías. Como Sara, tú sabes que Él cuida de ti. Y, como Sara, sabes que Él te protegerá y obrará a través de ti. Mira para atrás y recuerda su fidelidad. Mira al futuro y confía en Él.

CAPÍTULO QUINCE

Rompiendo
la cadena

El pasado ya está pago. Puede que las heridas hayan dejado cicatrices, pero las cicatrices están ahí sólo para recordarnos que somos humanos. Todos tenemos cicatrices.

ay un asombroso poder en las mujeres. Dios ha elegido a las mujeres para servir como vehículos por medio del cual se entra a este mundo.

Y Él ha compartido con las mujeres su creatividad. Las mujeres son fuertes y están dispuestas a nutrir a otros. Pero, a pesar de esto, millones de mujeres sufren emocional, física y espiritualmente por ser mujeres. El enemigo ha intentado destruir el vehículo de creatividad de Dios.

Puede que tú seas una de ella. Tal vez, te preguntes si alguna vez la vida será normal para ti. Tal vez, sientas que tus circunstancias te han hecho diferente a las demás mujeres. Posiblemente te sientas sola, sin encontrar quién te ayude a encontrar tu sanidad.

Puede ser que tus dificultades emocionales se deban a que hayas sido violada. Otras personas se han aprovechado de ti y te han usado de manera depravada y horrible. Te sientes gastada y sucia. Piensas *¿cómo alguién podrá querer a alguién que ha sido violada?* Sin embargo, *sí eres deseada. Dios te quiere y los hijos de Dios te quieren.*

Los errores cometidos a temprana edad producen un impacto para siempre en nuestras vidas. Algunas viven en pareja sin asumir el compromiso del matrimonio. Quizás le hayas creído cuando te dijo que te quería. Tal vez creíste, verdaderamente, que al ceder le estabas demostrando tu verdadero amor. O, quizás, simplemente querías pasarla bien sin pensar en las consecuencias. Y ahora te sientes menos que normal.

Pero Dios ya ha determinado cuál es tu necesidad. Él miró desde el cielo hacia abajo hace mucho tiempo atrás y vio tu sufrimiento y tu cargo de culpa. Él ha analizado tu situación y llegó a la conclusión que necesitabas un Redentor. Él sabía que era necesario alguien que bajara para levantarte. Él vio que necesitabas darte cuenta cuán importante eres. Es imposible saber que todo eso estaba en la mente de Dios cuando Él miró hacia abajo, a la quebrantada humanidad, nuestra inclinación al pecado y vio nuestra necesidad.

Dios suplió esa necesidad por medio de Jesucristo. Jesús tomó tu violación sobre sí en la cruz del calvario. Él pagó por tu vergüenza y proveyó la manera para que volvieras a ser limpia. Él tomó tus transgresiones y pecados como si fuesen suyos y murió en tu lugar. Él vio tu deseo de complacer a otros y sentirte bien. Pero, tomó todos tus deseos pecaminosos y los clavó en la cruz.

Cuando aceptas a Jesús, eres limpia y santa. Eres purificada. Y no creas que eres la única... todo el mundo lucha con esa misma clase de pecados, ya sea que lo exteriorice o no.

TU PASADO ESTÁ SALDADO

La sufriente niñita violada fue sanada por las llagas de Jesús (Isaías 53:5). Los pecados de la mujer que quiere satisfacer sus deseos carnales fueron clavados en la cruz con Él (Gálatas 2:20). El pasado ha sido pagado por ti. Puede que las heridas hayan dejado cicatrices, pero las cicatrices están ahí para recordarnos que somos humanos. Todos tenemos cicatrices.

DIOS VE TU POTENCIAL

Dios ve las posibilidades a las que puedes llegar. Él tiene un plan y Él ve tu potencial. Pero Él también sabe que tu potencial ha quedado atado por tu pasado. Tus sufrimientos te han convertido en una mujer diferente de la que Él originalmente quiso que fueras. Las circunstancias de la vida han agudizado tu manera de pensar. Y la respuesta que le has dado a esas circunstancias con frecuencia te han alejado de ejercitar tu potencial.

Pero Dios sabe que hay una Sara, una Rahab, una mujer en el pozo, una Rut, o hasta una María en ti. Él conoce que en ese interior oculto habita una gran mujer que puede hacer grandes proezas en su nombre. Y Él quiere que esa mujer sea libre. Él quiere que el potencial que hay en ti se desate para que puedas llegar a ser la persona que fuiste creada originalmente.

DIOS TE ESTÁ LLAMANDO

Existe una sola manera de alcanzar ese potencial. Él te está llamando. Él moverá espiritualmente tu corazón y te mostrará que Él se está moviendo en tu vida, si tan sólo respondes a su llamado.

El poder para desatarte se encuentra en tu fe. Atrévete a creer que Él hará lo que ha dicho. Deja de tener depositada tu confianza en tus debilidades y ponla en su poder. Confía en Él en vez de confiar en ti misma. Todo aquel que viene a Cristo encontrará libertad y sanidad. Él suavizará tus heridas. Él te consolará en los momentos de desesperación. Él te levantará.

Cree que Él pagó el precio de tu pecado y tu culpa. Cree que Él te ha lavado y te ha limpiado. Cree que Él satisfará cualquier necesidad producida por tu pasado. Ten fe en que Él te recompensará cuando le pidas y Él te dará.

No tienes nada que perder y todo que ganar. Jesús enderezará los lugares torcidos de tu corazón y te hará completamente íntegra. Cuando tú lo dejes entrar a todos los lugares de tu vida, no serás la misma persona quebrantada.

"De modo que si alguno está en Cristo nueva criatura es; las cosas viejas pasaron; he aquí todas son hechas nuevas".

2 Corintios 5:17

*Y había allí una mujer
que desde hacía
dieciocho años tenía
espíritu de enfermedad,
y andaba encorvada, y
en ninguna manera se
podía enderezar.
Cuando Jesús la vio,
la llamó y le dijo:
Mujer, eres libre de tu
enfermedad".*

Lucas:13:11-12

"Y puso las manos sobre ella; y ella se enderezó luego, y glorificaba a Dios. Pero el principal de la sinagoga, enojado de que Jesús hubiese sanado en el día de reposo, dijo a la gente: Seis días hay en que se debe trabajar; en éstos, pues, venid y sed sanados, y no en el día de reposo".

Lucas 13:13-14

"*Entonces el Señor le respondió y dijo: Hipócrita, cada uno de vosotros ¿no desata en el día de reposo su buey o su asno del pesebre y lo lleva a beber? Y a esta hija de Abraham, que Satanás había atado dieciocho años ¿no se le debía desatar de esta ligadura en el día de reposo?*"

Lucas 13:15-16

Acerca del autor
Obispo T.D.Jakes

T.D. Jakes es el pastor principal y el fundador de Temple of Faith Ministries en Charleston, West Virginia. Trascendiendo todas las barreras sociales y sexuales, su mensaje de sanidad y restauración se transmite nacionalmente a millones de hogares. El obispo Jakes frecuentemente ministra en grandes cruzadas y conferencias en toda la nación. También es un muy conocido autor.

Para contactarse con T.D.Jakes escriba a:

Jakes Ministries
P.O.Box 7056
Charleston, West Virginia 25356